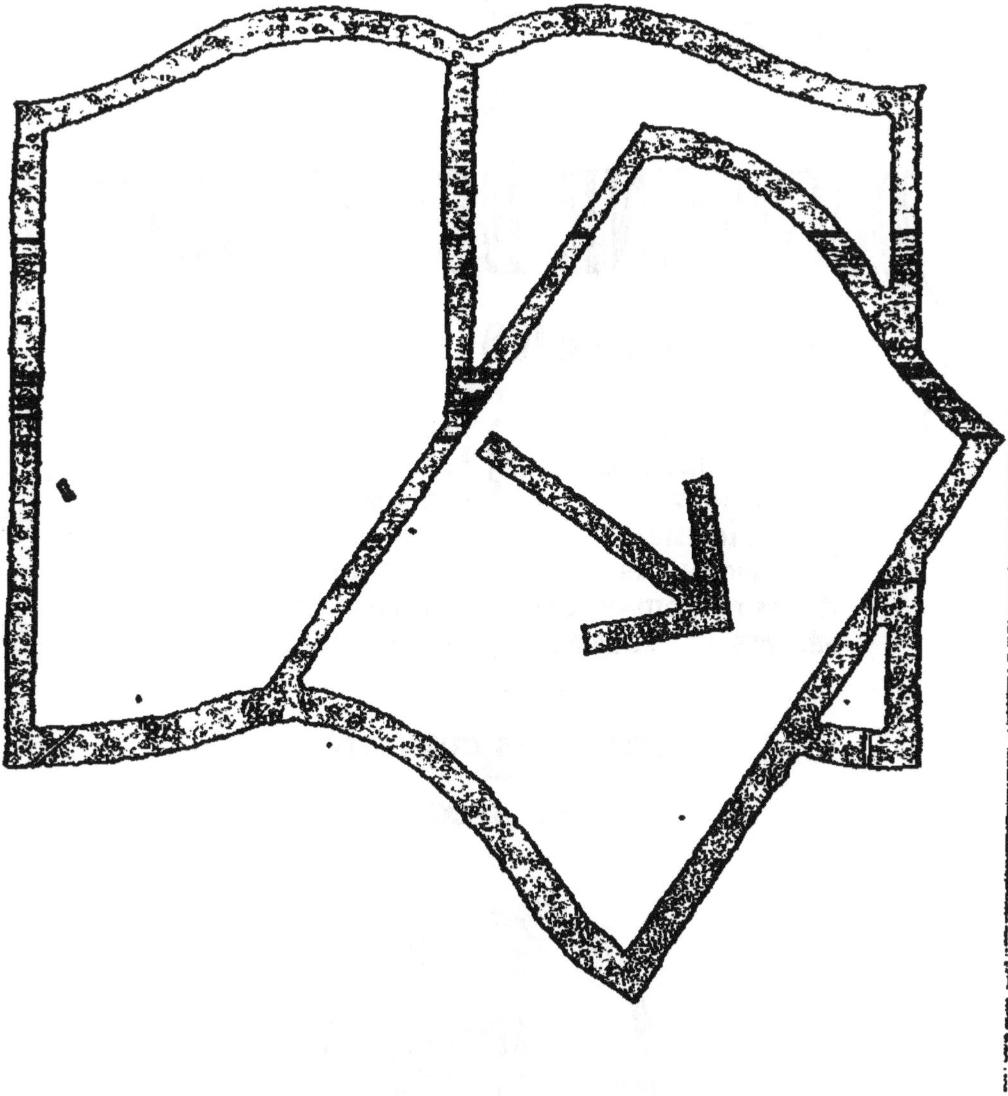

Couverture inférieure manquante

Ernest BOSC

LA
DOCTRINE ÉSOTÉRIQUE
A TRAVERS LES AGES

Symbolisme.	D'Isis et d'Osiris.
Langue sacrée.	Livre des Morts.
Évolution.	Renaissance.
De l'Homme.	Vierges-Mères.
Transformisme.	Cosmogonies.
Races et Sous-Races.	Les Déluges.
Sémites et Aryens.	Continents disparus.

ÉDITION DES CURIOSITÉS

TOME SECOND

CHAMUEL, ÉDITEUR, PARIS

Tous droits réservés.

La Doctrine Ésotérique

À TRAVERS LES AGES

Les exemplaires non revêtus de cette griffe seront réputés contrefaits et poursuivis comme tels, suivant la loi.

Ernest BOSC

La Doctrine Ésotérique

A TRAVERS LES AGES

Symbolisme.
Langue sacrée.
Évolution.
De l'Homme.
Transformisme.
Races et Sous-Races.
Sémites et Aryens.

D'Isis et d'Osiris.
Livre des Morts.
Renaissance.
Vierges-Mères.
Cosmogonies.
Les Déluges.
Continents disparus.

ÉDITION DES CURIOSITÉS

TOME SECOND

CHAMUEL, éditeur, Paris

Tous droits réservés.

La Doctrine Ésotérique
A TRAVERS LES AGES

DEUXIÈME PARTIE (*suite*)

CHAPITRE XVI

L'ÉSOTÉRISME CHEZ DIVERS PEUPLES ANCIENS ET MODERNES.

ÉCOLES OU SOCIÉTÉS ÉSOTÉRIQUES

Après les Hindous, les Egyptiens, les Chaldéens, les Assyriens et les Hébreux, nous devrions parler des Grecs et des Romains, c'est-à-dire des peuples qui ont relié les anneaux ésotériques d'une très haute Antiquité à ceux du Moyen Age et des temps modernes ; nous ne le ferons pas parce que l'Esotérisme de ces peuples est dérivé de la Doctrine

Esotérique orientale, avec quelques changements spéciaux aux religions de ces peuples.

Ainsi la Grèce possédait les grands et les petits *Mystères*, qu'on désignait sous des noms divers : Mystères d'Eleusis, Mystères orgiaques de Dionysios, Initiation Orphique, etc., etc.

Nous donnerons ici, d'après Balanche (1), un résumé de cette dernière Initiation.

« L'homme, dit cet auteur, après avoir subi l'influence des éléments doit faire subir aux éléments sa propre influence.

« La création est l'acte d'un Magisme continu et éternel.

« Pour l'homme, être réellement, c'est se connaître.

« La responsabilité est une conquête de l'homme, la peine même du péché est un nouveau moyen de conquête.

« Toute vie repose sur la mort.

« La palingénesie est la loi séparatrice.

« Le mariage est la reproduction dans l'humanité du grand mystère cosmogonique ; il doit être *Un*, comme Dieu et la nature sont *Un*.

« Le mariage, c'est l'Unité, l'arbre de vie ; la débauche, c'est la division, la mort.

(1) Orphée, *Livre* VIII, p. 169, Paris, 1833.

« L'arbre de vie étant Unique et les branches qui s'épanouissent dans le ciel et fleurissent en étoiles correspondent aux racines cachées dans la terre.

« L'astrologie est une synthèse.

« La connaissance des vertus, soit médicale, soit magique des plantes, des métaux, des corps en qui réside plus ou moins la vie, est une synthèse.

« Les puissances de l'organisation à ses divers degrés sont révélées par une synthèse.

« Les agrégations et les affinités des métaux, comme l'âme végétative des plantes, comme toutes les forces assimilatrices, sont également révélées par une synthèse. »

Parmi les autres initiateurs de la Grèce, nous mentionnerons Platon, Thalès de Milet, Eudoxe, Apollonius et Pythagore ; ces philosophes avaient rapporté d'Egypte, parmi de nombreux principes, celui-ci : que dans l'économie de l'Univers, la vie sort du sein du Trépas ; c'est ce principe qui était présenté chez les Egyptiens sous l'emblème d'Osiris mourant pour renaître sous le nom d'Horus ; d'où cette idée philosophique : « Je lis autour de moi : ce qui doit naître doit mourir ! Mais j'y peux lire aussi, ce qui meurt doit renaître. »

Pythagore, avant d'aller passer vingt-deux années chez les prêtres Egyptiens pour s'initier à leurs Mystères, avait habité les Gaules en l'an 241 de Rome pour s'initier aux *Mystères Druidiques*.

En arrivant en Grèce, après une très longue absence, il fonda une ECOLE et il divisa ses disciples en plusieurs classes : la première était celle des *Ecoutants*. Ils avaient entre eux des signes de reconnaissance et une des principales obligations qu'ils contractaient était, que les disciples devaient s'aider entre eux et se secourir mutuellement.

La seconde classe *Cénobites* de Κοινοβίον (vie commune) vivaient en commun. C'est surtout aux disciples de cette catégorie, auxquels Pythagore développait sa Doctrine. Il posait en principe, que l'homme ne s'élève que par la vertu et ne se dégrade que par le vice.

ECOLE D'ALEXANDRIE

Cette Ecole, dénommée Néoplatonisme, fut fondée sous Ptolémé Soter, par Ammonius Saccas ; elle était essentiellement éclectique. La fondation de cette Ecole date de l'an 288 avant Jésus-Christ et dura sept siècles, car elle ne fut fermée que par Théodose-le-Grand en l'an 391 de notre ère.

Le Néoplatonisme est un mélange des opinions de l'Académie, de l'Ecole Alexandrine et des idées philosophiques Egyptiennes et Persanes. C'est à cette Ecole que se formèrent Plotin et Origène, ainsi qu'un grand nombre d'autres philosophes ; mais Origène abandonna les idées Néoplatoniciennes pour succéder à saint Clément, tandis que Plotin, au contraire, s'exagérant le mysticisme Néoplatonicien, lutta ouvertement contre le Catholicisme.

L'Essence de la Doctrine du fondateur de l'Ecole qui mourut à Alexandrie, en l'an 241 après Jésus-Christ, nous a été conservée par un de ses plus brillants disciples, le plus illustre pourrions-nous dire, par Origène, qui dit que « l'incorporel est de telle nature qu'il s'unit à ce qui peut le recevoir aussi intimement que s'unissent les choses qui s'altèrent et se détruisent mutuellement en s'unissant, et qu'en même temps dans cette union il demeure tout entier ce qu'il était comme demeurent les choses qui ne sont que juxtaposées.

C'est le plébéien Saccas (il était fils d'un portefaix) qui introduisit dans la petite Ecole d'Alexandrie, alors purement littéraire, la Philosophie, ce qui le fait considérer comme le véritable fondateur.

Sa famille étant Chrétienne, il introduisit dans sa philosophie, à petites doses, mais suffisamment appréciables, l'élément Evangélique ; de là, chez les Alexandrins, le vague sentiment de philanthropie universelle, qu'ignorèrent toujours les Grecs.

La Philosophie Néoplatonicienne fut entourée par son créateur d'un voile épais et mystérieux, il ne la communiquait, du reste, qu'à un petit nombre de disciples fidèles, à Longin, à Plotin, à Erennius et à Origène. Après la mort du maître, les trois derniers disciples convinrent de ne divulguer, par aucun écrit, leur philosophie, mais heureusement pour la postérité, ils ne tinrent point parole. Erennius, le premier, publia un livre qui a été perdu, mais nous possédons d'Origène divers fragments, ainsi qu'une partie de l'œuvre de Plotin. Par ces œuvres, nous savons qu'Ammonius Saccas prétendait avec raison avoir reçu sa philosophie, comme une tradition remontant à la plus haute antiquité, ce qui est bien démontré, puisqu'il avait voulu réunir en une seule et même philosophie les diverses doctrines, qui fournissaient des armes aux disputes d'Ecoles diverses, principalement à celles d'Aristote et de Platon. Il avait voulu fondre dans sa philosophie celle des Mages et des Brahmes.

Il ne faut pas confondre Ammonius Saccas avec le philosophe chrétien Ammonius, auteur d'une *Harmonie dans les Evangiles*, qui vivait à Alexandrie au III° siècle de notre ère.

Disons en passant que c'est ce dernier ouvrage, faussement attribué à Tatien, qui incita Eusèbe à écrire ses *Canons*.

La situation d'Alexandrie était unique au monde ; aussi de même qu'elle devint par cette splendide situation le grand rendez-vous des marchands, le centre et l'entrepôt (*Emporium*) du commerce du monde alors connu, de même cette grande capitale ne tarda pas à devenir, également, l'Institut scientifique du monde entier, car sous l'influence des fils de Lagus, Alexandrie *la Savante*, recueillit l'héritage non seulement d'Athènes, mais de la Grèce tout entière, comme elle avait recueilli le corps de son Grand Monarque, du Conquérant de l'Inde, décédé à Babylone.

Comme on transportait la dépouille du héros de cette capitale en Grèce, Soter alla à sa rencontre et s'emparant des restes d'Alexandre, les fit déposer dans un cercueil d'or et les conserva dans sa capitale; mais en dépouillant la Grèce de son héros, l'Egypte la dépouilla aussi de sa gloire scientifique et de sa mission civilisatrice, car pendant une durée de sept siècles, Alexandrie par son Ecole fut à la tête du mouvement intellectuel.

Pendant cet espace de sept siècles, l'Ecole d'Alexandrie eut cinq périodes distinctes : trois sous le règne des Lagides et deux sous la domination Romaine. Mais de toutes ces périodes la plus active, sinon la plus brillante fut, sans contredit, celle de sa fondation, celle de Soter, qui logea dans son Palais même les savants, et où il fonda un Musée ; et tout cela fut entretenu aux frais du roi. Malheureusement, cette période fut de courte durée, car elle prit fin avec la mort du roi survenue vers 270, avant Jésus-Christ.

La seconde et la troisième période durèrent près de quatre-vingt-huit ans, sous le règne des Lagides et furent très brillantes ; mais sous les deux dernières commencèrent la décadence. Quand les chrétiens devinrent les maîtres de l'empire vers l'an 312 de Jésus-Christ, l'Ecole d'Alexandrie fut bientôt ruinée, car les Néoplatoniciens comme de nos jours les Néospiritualistes étaient en opposition formelle avec les chefs de la Chrétienté et ceux-ci défendirent l'enseignement de la Philosophie. Il se créa dès lors des Ecoles diverses qui, elles-mêmes, se subdivisant en sectes, finirent par ruiner la Grande Ecole Alexandrine.

Parmi les philosophes et les savants qui illustrèrent cette Ecole, il y a lieu de mentionner tout d'abord Euclide, ce mathématicien de génie, qui avait réuni en corps de doctrine ses découvertes et celles de ses prédécesseurs. Il fut fort bien secondé dans son œuvre par Philetas, Diodore Cronos, Démétrius de Phalère, qui avait été banni d'Athènes.

Plus tard, nous y voyons Manéthon, Apollonius, Lycophron, Arystonyme, Aratus ; puis Zénodote, Aristophane de Byzance, Aristarque ; parmi les Mathématiciens et les Astronomes, nous devons une mention à Eratosthène, le créateur de l'astronomie, à Agatharchidès, Aristille, Conon Timocharis et Hipparque ; enfin, parmi les médecins, mentionnons Erasistrates, Hérophile créateur de l'anatomie et de la *vivisection !* (1), enfin Celse, etc.

C'est de la Grande Ecole d'Alexandrie que naquirent : l'Ecole Juive, créée par Philon ; l'Ecole Gnostique, par Basilide ; l'Ecole chrétienne et l'Ecole Grecque.

---

(1) Conférez à ce sujet, *De la vivisection*, par E. Bosc, chap. 1ᵉʳ, 1 vol. in-12, Paris, 1894. — Dans cet ouvrage, le lecteur verra un résumé de cette pseudo-science qui, au point de vue psychique, est des plus délétères pour l'humanité.

Avant de dire quelques mots de l'Ecole Juive et de l'Ecole Gnostique, nous parlerons de la célèbre Bibliothèque Alexandrine, car la réunion des savants, dont nous venons d'énumérer une partie, avait à sa disposition une des plus belles bibliothèques du monde qui ne comprenait pas moins de 700.000 volumes, chiffre énorme pour de temps-là. Cette bibliothèque avait été fondée dans le quartier de la ville dénommée le *Brukion*, par Ptolémée Soter. Quelque temps après la mort de son fondateur, survenue en 283 av. J.-C. Sous son fils et successeur Ptolémée Philadelphe, elle avait pris un énorme accroissement, si nous ajoutons foi aux écrits de l'historien Josèphe.

Voici en effet ce qu'il nous apprend à ce sujet dans ses Antiquités judaïques (1).

« Démétrius de Phalère, intendant de la Bibliothèque de Ptolémée Philadephe, travaillait avec un soin extrême et une curiosité extraordinaire à rassembler, de toutes les parties du monde, les livres qui lui semblaient dignes d'être recueillis et qu'il croyait devoir être agréables au Roi. Un jour que ce prince lui demandait combien il possédait de volumes, il répondit : « 200.000, mais j'espère

---

(1) L. XII. C. 2.

en avoir dans peu de temps jusqu'à 500.000. »

Et en effet, sous les successeurs de ce prince, cette bibliothèque acquit une très grande importance, ce qui n'est pas étonnant, du reste, vu le moyen employé, par exemple, par Évergète II, qui faisait saisir tous les livres qui entraient en Egypte et les envoyait au Brukion, où d'excellents copistes les transcrivaient ; ces copies étaient ensuite données aux propriétaires, en échange de leurs originaux. C'est ainsi qu'on emprunta aux Athéniens les œuvres de Sophocle et d'Eschyle et qu'en peu de temps, cette Bibliothèque arriva à contenir dans ses salles 700.000 volumes, comme nous l'apprennent Aulu-Gelle et Ammien-Marcellin (2). « Lorsque la Bibliothèque du Brukion eut atteint le chiffre de 400.000 volumes, on songea à former dans un autre lieu une bibliothèque supplémentaire. Les livres nouveaux furent donc réunis dans le temple de Séraphis et atteignirent avec le temps le nombre de 300.000. Le Brukion ayant été incendié, lorsque César se rendit maître d'Alexandrie, les 400.000 volumes qu'il renfermait alors périrent dans les flammes et il ne resta plus que les 300.000 volumes du Sérapeum. Dans

(1) In Géraud. *Essai sur les livres dans l'Antiquité*, in-8, Paris, 1848, p. 242.

la suite, cette dernière bibliothèque s'augmenta de celle des rois de Pergame, dont Antoine fit présent à la Reine Cléopâtre, et elle subsista ainsi jusqu'au règne de Théodose. »

Mais pendant une lutte sanglante entre les païens et les chrétiens, lutte suscitée par le Patriarche d'Alexandrie Théophile, le temple de Sérapis fut ruiné de fond en comble et sa magnifique Bibliothèque fut dispersée et pillée, partant détruite, ce qui permit de dire vingt ans après à l'Historien Orose (1) : « Nous avons vu vides les armoires où se trouvaient les livres qui ont été pillés par les hommes de notre siècle. »

La perte de cette bibliothèque est donc due au Patriarche Théophile que Gibbon qualifie « d'homme audacieux et pervers, toujours affamé d'or et altéré de sang ».

En effet, il ne fallut rien moins qu'un décret de Théodose pour arrêter les luttes terribles et sanglantes allumées par ce fougueux Patriarche.

Après ce décret, la Bibliothèque fut reconstituée, mais en 640, les Arabes s'emparant de la ville d'Alexandrie auraient livré aux flammes la Bibliothèque, telle est du moins une tradition. D'après

(1) I, vi, cap. 15.

une autre version la Bibliothèque aurait été certainement brûlée par Amrou-Ben-Alas, avec l'autorisation d'Omar, c'est pourquoi l'on considère ce dernier, et cela bien à tort selon nous, comme l'incendiaire de la Bibliothèque du Brukion, détruite, comme nous l'avons vu, bien avant lui.

Mais tout ce qui précède nous est parvenu par tradition, car ce n'est qu'au XIIIe siècle, qu'un médecin arabe, Abd Allatif, né à Bagdad, écrit ceci : « Au-dessus de la colonne des piliers est une coupole supportée par cette colonne. Je pense que cet édifice était le portique où enseignait Aristote et après lui ses disciples, et que c'était là l'Académie que fit construire Alexandre, quand il bâtit Alexandrie et où était placée la Bibliothèque que brûla Amrou-Ben-Alas, avec l'autorisation d'Omar ». Dans les lignes qui précèdent, nous ne comprenons guère que ce qui est relatif à l'incendie de la Bibliothèque, car le reste n'a aucun sens. Aussi nous préférons nous en rapporter à ce que dit un autre auteur du XIIIe siècle, Abulfaradge (1), au sujet de la même Bibliothèque.

---

(1) *In Histoire dynastique*, traduit par Sylvestre de Sacy. Cf. — *Magasin encyclopédique*, 5e année, TOME IV, page 438. Abulfaradge était contemporain de Abd-Allatif, celui-ci est mort en 1231 et le premier en 1286. — Cf. également : *Relation*

D'après cet auteur, Jean le Grammairien, ami d'Amrou-Ben-Alas, vint le trouver un jour et lui dit : « Vous vous êtes emparé de tous les revenus d'Alexandrie, ainsi que de ses richesses, mais ne pourriez-vous pas nous abandonner ce qui ne vous est d'aucune utilité ? — Quelles sont les choses dont vous avez besoin, lui demanda Amrou ? — Ce sont, dit Jean, les œuvres de philosophie qui sont dans le trésor des rois. »

Amrou répondit qu'il ne pouvait en disposer sans l'autorisation de son maître, de l'Emir Al-Moumenia-Omar-ben-Alkattab, il en référa donc à celui-ci et voici la réponse d'Omar, qu'il communiqua à Jean.

« Quant aux livres dont vous parlez, si ce qu'ils renferment est conforme au *Livre de Dieu* (au *Coran*), celui-ci les rend inutiles ; si au contraire leur contenu est opposé au *Livre de Dieu*, nous n'en avons nul besoin. Donnez donc l'ordre de les détruire. »

Jean fut donc la cause indirecte de la troisième destruction des Livres de la *Bibliothèque alexandrine* qui auraient été brûlés dans l'espace de

de *l'Egypte* d'Abd-Allatif, trad. de Sylvestre de Sacy, in-4, 1810.

six mois dans les nombreux foyers des Bains d'Alexandrie !!!

Cette destruction nous paraît étrange.

En résumé, nous ne savons pas au juste quand et comment ont été détruites à diverses époques les collections de livres d'Alexandrie, nous avons vu que sous César, le grand perturbateur romain, le Brukion avait été incendié ; plus tard au IVe siècle les mêmes collections reconstituées avaient été pillées et dispersées ; au VIIe siècle (640) la Bibliotèque Alexandrine avait été la proie des flammes lors de la prise de la ville par les Arabes ; enfin sous Omar, la même Bibliothèque aurait été brûlée par fanatisme dans les fourneaux des établissements de Bains d'Alexandrie, au nombre de quatre mille. Quoiqu'il en soit, l'humanité a été privée d'œuvres uniques dans leur genre, surtout au temps de César et de Théodose, c'est à cause de ses bibliothèques qu'Alexandrie était renommée parmi toutes les villes du monde.

Perte à jamais regrettable, car ces bibliothèques devaient renfermer tous les ouvrages scientifiques des Perses, des Chaldéens, des Syriens, des Babyloniens et des Egyptiens. Et ceux de ces ouvrages qui avaient échappé aux divers désastres, dont nous avons parlé, n'échappèrent point à la destruction des Arabes qui, par fanatisme, détruisirent toute œuvre manuscrite ou figurée, comme on peut en juger par le passage suivant de l'ouvrage précédemment cité de Sylvestre Sacy (p. 240 et suiv.).

« Dans les premiers temps de l'Islamisme, les Arabes ne cultivaient d'autres sciences que l'étude des décisions légales contenues dans leurs codes, leur langue et la médecine. Leur éloignement pour les sciences avait pour but de conserver la pureté de leurs croyances et des dogmes de leur religion et d'empêcher que l'étude des connaissances cultivées par les anciens peuples n'y introduisît quelques affaiblissements et n'y portât quelque atteinte, avant que cette religion fût solidement affermie ».

Mais nous devons ajouter aux lignes qui précèdent que la *Doctrine Esotérique* ne fut pas perdue pour cela par les Musulmans, car des esprits distingués parmi eux étudiaient la science, nous n'en voulons pour preuves que les travaux qui nous restent des Alchimistes arabes qui étaient bien plus avancés en chimie que nos chimistes modernes.

L'ECOLE JUIVE DE PHILON

Philon, philosophe grec, mais Hébreu de nation et qui vivait au 1er siècle de notre ère, fut chargé avec quatre juifs d'aller à Rome pour obtenir de C. Caligula la révocation d'un Décret qui ordonnait aux Hébreux de rendre les honneurs divins à la statue de l'Empereur, mais l'ambassade échoua dans son entreprise; Philon avait alors environ 60 ans. Son influence sur l'Ecole juive fut considérable; c'est lui qui ouvrit la carrière du synchrétisme aux grandes Ecoles du temps; aux Gnostiques, aux Alexandrins, aux Néoplatoniciens. Le système de Philon fut le premier essai sérieux de fusion entre les idées orientales et celles de l'occident et comme le dit Vacherot (1):

« Philon est avant tout fidèle à la tradition nationale; s'il modifie, s'il altère, s'il transforme même quelquefois, les croyances qui lui sont chères, c'est toujours à son insu et dans un esprit de mysticisme, plus Platonicien que Grec, plus oriental que Platonicien. Philon est resté juif, autant qu'il était possible de l'être, au sein

(1) VACHEROT, *Histoire critique de l'Ecole d'Alexandrie*, tome Ier, p. 165.

d'Alexandrie, avec une intelligence aussi éclairée et aussi ouverte aux idées étrangères. »

La Gnose a largement puisé à l'Ecole Juive de Philon où les croyances orientales se mêlent déjà à la tradition hébraïque, et Clément d'Alexandrie et Origène apprirent à goûter et à mettre en œuvre la Science Grecque.

LE GNOSTICISME

La Gnose, origine du Gnosticisme, est une science ésotérique et mystérieuse qui fait connaître à ses adeptes le secret de l'Univers ; elle enseigne l'ultime raison des choses et initie l'homme en vertu de quelles lois, le monde invisible ou spirituel est uni au monde physique ou matériel.

Le Gnosticisme a puisé sa doctrine dans les philosophies et religions de l'Inde, de la Perse et de l'Egypte ; il se place comme une philosophie intermédiaire entre le Néoplatonisme et le Christianisme et a naturellement avec ces deux doctrines de nombreux points de contact. L'Idée d'une Connaissance supérieure, qui permet de comprendre et de saisir la nature de l'Etre Suprême, cette idée fut nommée Gnose, et trouvait déjà dans la Doctrine Pythagoricienne, comme nous l'avons vu précédemment ; ce qui n'est pas étonnant, car nous savons que Pythagore avait puisé ses idées en Orient, principalement en Egypte. Il est donc vraisemblable d'admettre que les Gnostiques avaient puisé leurs idées à la source Pythagoricienne et à la source Platonicienne ; ils firent aussi beaucoup d'emprunts à l'Ecole Juive de Philon. Quant au système d'allégories qu'ils adoptèrent, il relève incontestablement de cette dernière Ecole. Les Gnostiques admirent, en effet, comme Philon, que la Lumière est la source d'où émanent les rayons qui éclairent les âmes et ils en firent, comme lui, l'âme du monde qui agit dans toutes ses parties.

Basilide, l'un des fondateurs du Gnosticisme, admettait deux principes indépendants l'un de l'autre, celui du Bien et celui du Mal ou de la lumière et des ténèbres. Le principe du bien, le Dieu Suprême, le Logos, forme avec ses perfections ou Puissances, au nombre de sept, la bienheureuse *Ogdoade* ; les sept perfections ou Puissances dans lesquelles le Logos se reflète, sont à leur tour reflétées dans sept nouvelles Puissances qui en émanent et desquelles il en émane d'autres, qui les reflètent toujours plus faiblement ; enfin de ces émanations, il y en a 365, qui forment 365 mondes ou Cieux compris dans le terme *Abraxas*, dont les lettres, d'après le système de numération grecque, forment le nombre mystérieux de 365, souvent inscrit sur les pierres symboliques ou talismaniques. Les diverses Ecoles Gnostiques, dont les fondateurs furent Bardesane, Basilide, Saturnin et Valentin, eurent la Syrie, l'Egypte et l'Asie Mineure comme principaux foyers de leurs enseignements. De toutes les Ecoles Gnostiques, c'est celle de Syrie qui est la plus ancienne ; toutes ou presque toutes professaient, à quelques variantes près, la même Doctrine, à savoir que l'origine du monde intellectuel et du monde inférieur étaient, l'une une émanation de l'Etre Suprême, l'autre une création du Démiurge.

Les fondateurs du Gnosticisme eurent des précurseurs ; Euphrate, Simon *le Magicien*, Ménandre, Cérinthe, etc. (1). Comme on peut le voir par les lignes qui précèdent, le courant de la *Doctrine Esotérique* n'a jamais été interrompu et il se trouve encore aujourd'hui intact, car on en retrouve les

---

(1) Nous engageons ceux de nos lecteurs qui voudraient étudier le Gnosticisme à lire : J. MATTER, *Histoire du Gnosticisme* : Paris, 2ᵉ édition. — *La Pistis Sophia* traduite et commentée par E. AMELINEAU, et le *Dictionnaire d'orientalisme et d'occultisme*, passim, 2 vol. in-18, Paris.

traces dans ces temps modernes, dans le *Spiritisme* dans l'*Occultisme*, dans la *Théosophie* et dans le Spiritualisme moderne de toutes les religions pratiquées à l'heure actuelle dans les Deux-Mondes, et plus particulièrement dans les religions orientales et dans le CHRISTIANISME même qui en est dérivé.

CHAPITRE XVII

L'ÉSOTÉRISME CHRÉTIEN

La religion occidentale dénommée CHRISTIANISME est très certainement d'origine Aryenne, car elle n'est qu'un mélange de Madzéisme, de Brahmanisme et de Bouddhisme, mélange souvent noyé dans un mysticisme sinon inexplicable, du moins encore fort peu expliqué.

Le Christianisme a emprunté au vieux Bouddhisme de l'Inde antique presque tout son cérémonial : messe, rosaire, cierge, encens, etc., ses couvents et ses moines, ses adorations perpétuelles.

Au Madzéisme, au Zend-Avesta, il a emprunté son Paradis, son Enfer, son Diable ou Prince des ténèbres (*Arhiman*), une partie de sa liturgie et jusqu'aux anges gardiens (*Ferwoers*).

L'idéalisme de Platon, le Philosophe Grec, lui a

fourni l'Evangile de saint Jean qui est la quintessence de la métaphysique chrétienne, de l'*Esotérisme Chrétien*, et tandis que celui-ci dit que l'homme a besoin de se régénérer, l'Esotérisme Hindou dit tout simplement que l'homme a besoin de se générer, autrement dit *Evoluer*.

La Religion chrétienne n'a pas non plus imaginé ou inventé la *Triade* ou *Trinité*; la TRIMOURTI en effet, existait dans l'Inde quinze ou vingt mille ans avant J.-C. — Postérieurement à cette haute antiquité, elle a existé chez les anciens Egyptiens, chez les Celtes des Gaules et chez d'autres peuples, seulement tandis que les autres mythes religieux admettent dans leur Triade : le Père, la mère et l'enfant, ce qui est de toute logique, dès qu'on admet un Dieu Anthropomorphe, le Christianisme n'admet que le Père, le Fils et le Saint-Esprit, sous la forme d'un oiseau : d'une colombe.

Pourquoi cette différence ?

Parce que le principe féminin n'est pas en odeur de sainteté auprès de saint Paul et des Pères de l'Eglise, ses successeurs. — Ce dernier fait est absolument prouvé par les diatribes de ces bons Pères contre la femme qui était maltraitée par eux au delà de toute expression.

Ensuite il se présentait une grande difficulté ; le fils de la Triade qui est un Dieu fait homme, aurait eu deux mères, l'une divine et l'autre fille des hommes.

Et du reste que le mystère de l'Incarnation soit védique ou chrétien, il faut toujours une femme ou du moins une vierge mère pour son accomplissement ; dans l'Inde, c'est *Maya*, *Addha-Nari* etc., en Egypte c'est *Isis*, chez les Hébreux, c'est *Myrian* et chez les chrétiens, c'est *Marie*; et ces femmes vierges reçoivent respectivement dans leur sein : Krishna, Horus, Jésus dit le *Christ*. Au chapitre suivant nous parlons du reste de ces vierges mères.

Dans le fond, nous voulons bien admettre que cette incarnation n'est qu'un symbole pour certains commentateurs, qui nous disent que Marie n'est qu'une Héva ou Eve régénérée : l'éclosion de l'âme humaine de la Philosophie Hindoue et que le Christ lui-même n'est qu'un mythe, qu'un symbole. — Ainsi la visite de l'ange Gabriel à Marie indique le développement des facultés supérieures qui éveillent la conscience dans l'âme humaine ; l'étable dans laquelle naît l'homme-Dieu signifie que l'animalité est le partage de l'homme ; la tentation du Christ sur la Montagne, l'emblème de la lutte des passions contre le divin de l'homme ; enfin le jugement et le crucifiement, une longue souffrance du Christ contre l'aveuglement humain et ainsi de suite pour expliquer tous les actes de la *Vie de Jésus*.

Aussi après ces quelques mots expliquant, dans ses grandes lignes, l'*Esotérisme chrétien*, nous pensons que les partisans de l'Incarnation historique et non mythique agissent sagement de rester parqués dans l'exotérisme chrétien, parce qu'il ne saurait y avoir de juste milieu, de moyen terme : il faut pour être bon chrétien ou complètement *Esotériste* ou *Exotériste* ; hors de là pas de salut possible. Or dans le christianisme, comme dans toutes les autres religions du reste, les chefs, les hiérophantes, les grands-prêtres sont *Esotéristes* et la foule des fidèles reste exotérique ; elle doit croire sans comprendre, l'exotérisme devant suffire pour le *Vulgum pecus* !

C'est pour cela que nous allons dévoiler en partie ici l'Esotérisme chrétien en parlant tout d'abord de l'Incarnation, loi à laquelle ont cru les fondateurs du christianisme, y compris le divin maître, le doux Nazaréen (du reste l'Incarnation est enseignée dans le nouveau testament) ; puis nous exposerons l'Universalité de l'Esprit divin et de la Divinité de l'homme, nous traiterons enfin du *mystère du Christ* ou *Mystère de l'Evangile*.

Nous ne dévoilerons pas ainsi tout l'Esotérisme, mais les points fondamentaux, nous ne saurions du reste en dire davantage dans un ouvrage aussi succinct que le nôtre, touchant la Doctrine Esotérique.

Nous venons de dire que la Réincarnation est enseignée dans le N. T., on lit en effet dans Mathieu (1) que les apôtres dirent à Jésus : « les uns prétendent que vous êtes Jean-Baptiste, d'autres Hélie, d'autres Jérémie ou un des prophètes ». Il leur répondit : « Et vous autres, qui croyez-vous que je sois ? »

Ce récit prouve bien que les Apôtres croyaient à la réincarnation, à la préexistence de l'âme ; il démontre aussi que Jésus partageait là-dessus leur croyance, car il ne leur adresse aucun reproche au sujet de leur manière de voir ; il la confirme par là question qu'il leur pose ; mais de tous les passages de l'Evangile qui concerne notre sujet, le plus remarquable est sans contredit celui de saint Jean (2)

---

(1) XVI, v, 13.
(2) IX, 1, 2, 3. — Voir aussi SAINT MARC, VI, 14, 15, 16. SAINT MATHIEU, XIV, 1, 2 ; XI, 7, 9, 13, 14. SAINT LUC, IX, 7, 8, 9.

dans lequel on peut voir que les Hébreux admettaient aussi que la Réincarnation pouvait se produire chez tous les hommes :

« Comme Jésus passait, il vit un aveugle de naissance. Les disciples lui demandèrent: « Maître, qui a péché ? Est-ce cet homme ou son père, ou sa mère pour qu'il soit ainsi aveugle ? »

Jésus répondit : « Ce n'est point qu'il ait péché, ni son père, ni sa mère, mais c'est afin que les œuvres de Dieu soient manifestées en lui. »

Puisqu'il s'agit ici d'un *aveugle de naissance* et que les Juifs demandent à Jésus, s'il est aveugle parce qu'il a péché, cela signifie évidemment qu'ils voulaient parler de péchés que cet individualité avait pu commettre dans une précédente existence ; aussi leur observation est-elle toute naturelle et ne donne lieu à aucune explication interprétative. — De même Jésus répond simplement sans s'étonner aucunement du sous-entendu, concernant le dogme des renaissances ; il l'admet comme un fait incontestable, ne pouvant donner lieu à aucune discussion possible, aussi se contente-t-il de répondre : « Ce n'est point parce qu'il a péché... mais afin que les œuvres de Dieu soient manifestées en lui. »

Du reste, nous devons ajouter que cette réponse

nous paraît avoir été altérée par la main d'un copiste qui, ne croyant pas à la réincarnation, a pu en effacer des traces plus évidentes qui pouvaient se trouver dans la véritable réponse de Jésus.

En fouillant le Nouveau Testament, nous pourrions fournir de nombreuses preuves encore, nous n'en donnerons cependant qu'une dernière, qui nous paraît décisive, c'est quand J.-C. s'adressant à Nicomède lui dit : « Si tu ne nais de nouveau, tu ne verras pas le royaume des Cieux ! »

L'allusion ici nous paraît formelle ; aussi nous n'insisterons pas davantage à ce sujet et nous passerons à l'*Etude du Divin dans l'homme*.

Voici ce que nous dit saint Paul au sujet de l'*Universalité de l'Esprit divin* et de la *Divinité de l'homme* :

« Il n'y a qu'un seul Esprit, qu'un seul Seigneur, qu'un seul Dieu, qui est par-dessus tous, parmi tous et *dans tous* (1).

« L'Esprit se manifeste en chacun (2).

« Nous avons reçu l'Esprit qui vient de Dieu (3).

« Ne savez-vous pas que vous êtes le Temple de Dieu et que Dieu habite en vous (4).

---

(1) *Ephés.* IV, 4, 5, 6.
(2) I. Corinth. XII, 7.
(3) I. Corinthien, II, 12.
(4) *Ibidem*, III, 19.

« Vous êtes dans l'Esprit, car l'Esprit de Dieu est en vous (1).

« Dieu nous a donné pour arrhes son Esprit (2). »

Au sujet de l'Esotérisme chrétien, et de *l'Evolution Universelle* des Etres ; nous lisons dans saint Paul :

« Toutes les créatures soupirent et sont en travail et non seulement elles, mais nous aussi, en ATTENDANT L'ADOPTION (3).

« Aussi les créatures attendent-elles avec un ardent désir que les enfants de Dieu soient manifestés, car ce n'est pas volontairement qu'elles sont assujetties et elles espèrent qu'elles seront délivrées de la servitude pour être dans la liberté glorieuse des *Enfants de Dieu* (4).

Ce qui signifie, que l'Evolution Universelle développe tous les êtres, aussi tous, doivent-ils arriver un jour à l'état glorieux promis à l'humanité (tous doivent être des *Enfants de Dieu*); aussi leurs âmes soupirent ardemment vers cette fin qui doit les conduire à un état supérieur, qui leur permettra d'atteindre le Règne humain.

---

(1) ROMAINS, VIII, 9.
(2) I. CORINTH. V, 5.
(3) ROMAINS, VIII, 22 et 23.
(4) *Ibidem* ; 19, 20, 21, 24, 25.

Mais l'homme doit atteindre de plus hautes destinées, le Christ doit se développer en lui et tant que ce développement n'est pas complet, la sainteté et l'intelligence ne sont pas complètes non plus, mais elles sont proportionnelles à la manifestation du Christ dans l'homme, ce que saint Paul exprime de cette façon :

« La grâce (l'intelligence) nous est donnée selon la mesure du don du Christ..., jusqu'à ce que nous soyons tous arrivés à la mesure de la stature parfaite de CHRIST (1).

Voici ce qu'il faut entendre par la signification exacte de ce terme. Le Christ est ici pris comme synonyme de l'*Esprit Universel* : l'âme du monde. La théosophie nous apprend que l'échelle des êtres est infinie et que de l'homme à l'Emanation première de l'*Absolu*, de l'homme au *Verbe*, il y a un nombre considérable de degrés de développement; or cette énorme distance ne saurait être franchie d'une façon arbitraire.

Quand l'homme est arrivé à ce degré d'avancement, il reçoit l'instruction face à face, c'est-à-dire directement de l'*Ego Divin*, c'est ce que saint Paul indique clairement, quand il dit : Nous voyons confusément maintenant et comme par

(1) *Éphés.* IV, 7, 13.

réflexion dans un miroir, mais alors nous verrons face à face (1).

Ce qui veut dire qu'une émanation directe de la Divinité frappera notre Ego Supérieur, et nous fera comprendre tout le mystère, aussi caché qu'il puisse être.

Au sujet des divers corps de l'homme, la religion Chrétienne n'est pas tant s'en faut aussi complète que l'Occultisme et la Kabbalah ; voici cependant ce que nous trouvons dans saint Paul ; nous le ferons suivre de quelques commentaires explicatifs. « Adam a été fait avec une âme vivante ; le dernier Adam est un esprit vivifiant. — Il a été semé corps animal (semence de bétail), il ressuscitera corps spirituel (nature angélique). Ce qui est animal vient tout d'abord ; ensuite vient le spirituel (2). Adam, c'est le premier homme, la première race : Adam Kadmon, le Nephesch de la Bible, l'âme vivante, mais animale (*Kama*) des Théosophes hindous ; au contraire, l'Esprit vivifiant, le dernier Adam dont parle saint Paul, c'est *Manas* uni à *Buddhi*. Le germe de Manas est dans *Kama* (le corps animal) l'âme animale, quand l'évolution du dit germe est achevée, il devient corps spiri-

---

(1) I. Corinthiens, XIII, 12.
(2) I. Corinthiens, XV, 44, 45, 46.

tuel, illuminé par la flamme Divine de Buddhi, le second principe de l'homme ; c'est en un mot le *corps causal*.

Comme on le voit, par ce qui précède Paul ne parle que de l'âme vivante (le corps animal) et du corps spirituel, mais il ajoute qu'il y a des corps terrestres et des corps célestes, mais que *leur éclat est tout différent* (1).

Ce dernier membre de phrase a une grande importance, car il démontre que saint Paul connaissait le monde invisible et le distinguait du monde visible ; mais qu'encore, il connaissait l'*aura*, les effluves humains. Ajoutons cependant, que par les mots *Corps terrestre*, l'Apôtre n'entend pas parler du corps physique, mais du corps vital et du corps kamique qui sont l'un et l'autre lumineux et colorés et qui présentent l'aspect de la couleur de l'électricité. — Quant aux *corps spirituels*, l'apôtre désigne ainsi le corps mental et le corps causal, ils sont eux aussi pourvus d'une lumière éclatante.

Telles sont les grandes lignes de l'Esotérisme chrétien. Mais le catholicisme a depuis longtemps dévié ; ce fait est fort bien mis en lumière dans un

---

(1) Corinthiens, XV, 40.

livre récemment paru (1) où nous lisons les lignes suivantes :

« Mais à ceux qui s'appuieraient là dessus pour nous dire que nous avons tort d'attaquer le catholicisme, puisqu'il en est sorti tant de bonnes choses, nous répondrons avec la conviction profonde d'affirmer une indiscutable vérité, que, si le catholicisme a jamais rien produit de grand et de noble, c'est lorsqu'il s'est strictement renfermé dans les maximes du Christianisme primitif. Quand il s'est au contraire écarté des principes de l'Evangile, quand il a essayé d'ajouter ou d'ôter à la religion du Christ, au point de la rendre méconnaissable, qu'est-il arrivé ? Il est arrivé qu'à l'ombre de la croix, sous l'égide d'une doctrine d'amour et de vérité, il s'en est formée une de haine et de mensonge.

« Les papes disputèrent aux Empereurs le droit de domination sur les peuples, les couvents s'allièrent aux châteaux, l'ambition s'assit sur le siège de saint Pierre, les prisons et les bûchers se chargèrent d'étouffer les protestations de la raison humaine.

(1) ÉVOLUTION DE L'AME, traduit de l'espagnol par ALFRED EBELOT, p. 26 et 27. — 1 vol. in-8°, Paris, CHAMUEL, éditeur, 1899.

« Pierre d'Arbuez, Dominique de Gusman, Torquemada furent-ils par hasard des chrétiens ?

« Alexandre VI, Honorius, Boniface nous ont-ils par hasard représenté Jésus ?

« Oui, une religion d'amour devint une religion de haine ; un Père miséricordieux et juste se transforma en un Dieu injuste et vindicatif. »

Si le catholicisme est tel que nous le voyons aujourd'hui, c'est qu'il a abandonné la véritable tradition : *La Doctrine Esotérique*.

Passons à l'étude d'un grand mystère.

LE MYSTÈRE DU CHRIST

On désigne sous cette expression la présence en l'homme de ce Rayon du Verbe, de cette étincelle de l'Esprit de Dieu qui est dénommée Christ. Le Christianisme et la Théosophie ne donnent pas à ce terme la même signification ; celle-ci prétend que l'échelle des êtres est infinie, que de l'homme à l'Emanation première de l'Absolu nous venons de le voir, de l'homme au Logos (*Christ Universel*) il existe un nombre considérable de degrés de développement et que cette énorme distance ne saurait être franchie d'une façon arbitraire. Le corps du *Logos* (du Christ), c'est l'Univers tout entier et toutes les qualités de cet Univers, toutes les potentialités de matières (visibles et invisibles), que nous nommons des Etres ont pour cause cet *Esprit Universel* dans lequel nous vivons, et nous nous mouvons, ce que l'apôtre saint Paul a parfaitement défini en disant : « Dieu opère en toutes choses et en tous ; l'Esprit se manifeste en chacun ; l'Esprit est ce qui donne sagesse, science, foi, don de guérir, don de miracle, de prophétie, discernement des Esprits, don des langues : c'est un seul et même esprit qui opère toutes ces choses (1).

« Le Verbe est dans ta bouche, dans ton cœur... (2)

« Vos corps sont les membres du Christ. Glorifiez Dieu dans votre corps et dans votre esprit (1). »

Ces citations montrent que chaque être est animé par l'Etincelle Divine, soleil central spirituel, et que nos corps eux-mêmes ne sont que des parties du corps du *Logos*.

On voit donc qu'il n'est pas possible d'admettre le sens que les chrétiens (depuis leur séparation avec les Gnostiques) donnent à ce mot : Christ,

---

(1) I Corinth., XII, 6, 7, 8, 9, 10, 11.
(2) Romains, X, 8.

celui-ci étant pour les chrétiens le *Logos Universel* même, incarné dans un corps humain, celui de Jésus ; ce qui est absolument faux ; car saint Paul d'accord en cela avec tous les *Initiés*, nous apprend que le LOGOS ne s'est jamais incarné et ne pourra jamais s'incarner dans un corps humain ou dans un corps angélique, étant le *Logos Infini*, dont nos âmes ne sont que des étincelles.

Ce mot de Christ (*Keistos*) est également le symbolisme qui exprime dans tout être, la présence d'un rayon de cet Esprit Universel.

L'affirmation que le Christ est dans l'homme est également énoncée d'une façon évidente dans le passage suivant de saint Paul : « J'ai été chargé d'annoncer pleinement la parole de Dieu, c'est-à-dire le mystère qui a été caché dans tous les siècles et que Dieu a maintenant manifesté à ses saints, à savoir que le CHRIST EST EN VOUS (1). »

Puisque chacun a le christ en soit, le salut de chaque homme peut être accompli dans n'importe quelle religion qu'il professe, dès que cette religion est fondée sur la morale, sur la charité, sur la Fraternité et cela, parce que le principe *Christ*, *le rayon de l'Esprit Universel* doit se développe

(1) COLOSS. I, 25, 26, 27.

dans l'homme, JUSQU'A CE QU'IL SOIT PARVENU A LA STATURE PARFAITE DU CHRIST (1).

Car le Mystère du Christ, qu'on dénomme aussi *le Mystère de l'Evangile*, est non seulement la Révélation de la présence divine dans l'homme, mais encore l'affirmation que cette haute faveur est accordée à tout homme circoncis ou non circoncis, de même qu'aux païens ou Gentils et n'est pas l'apanage de quelques-uns qui s'en orgueillissent à tort; ceci est encore démontré, d'une façon évidente, par les écrits de Paul :

« Dieu m'a fait connaître le Mystère du Christ, dit-il, mystère qui n'a pas été découvert aux Enfants des hommes dans les temps passés et qui a été révélé maintenant par l'Esprit à ses saints et aux Prophètes, qui est : *que les Gentils participent à la promesse que Dieu a faite en Christ* (2).

« Il y a un seul Dieu qui justifiera circoncis et incirconcis par la foi (3). »

Bien mieux, le salut de l'homme peut s'accomplir en dehors de toute religion, de tout culte extérieur, puisque chacun possède en lui l'Esprit de Dieu qui peut donc répandre l'esprit de vérité sur

---

(1) Ephès. IV, 13. — (2) Ephès. III, 3, 4, 5, 6. — (3) Romains, III, 29.

les âmes pures qui ont l'amour de leurs semblables.

Ceci est également affirmé par l'apôtre Paul, quand il dit :

« L'Esprit sonde toutes choses, même ce qu'il y a de plus profond en Dieu (1).

« Qui connaît ce qui est en l'homme, si ce n'est l'esprit de l'homme, et en Dieu, si ce n'est l'esprit de Dieu (2).

« Or nous avons reçu l'esprit de Dieu (3).

« Et l'homme spirituel peut juger de toutes choses (4).

« Mais l'homme ne peut recevoir en lui le Christ, que lorsqu'il est devenu parfait par un patient labeur appliqué à son développement, à son évolution, c'est un laborieux enfantement comme dit l'Apôtre :

« Je sens pour vous les douleurs de l'enfantement *jusqu'à ce que Christ soit formé en vous* (5). »

Il faut donc à l'homme de nombreuses renaissances pour accomplir cette évolution pendant ce long Pèlerinage de l'*Individualité*. Or ce pèlerinage ne prend fin que lorsque l'Ego personnel (le corps mental, le *Manas* inférieur) entièrement

---

(1) Corinth. II, 10. — (2) Corinth. II, 11. — (3) Corinth. II, 12. — (4) *Hidem.* II, 15. — (5) Galat. IV, 19.

développé a pu s'unir d'une façon intime à l'*individualité* et au Christ (*Atma-Buddhi*) qui est en l'homme, comme nous l'avons vu par tout ce qui précède et par les deux courtes citations qui vont suivre.

Le véritable *Sacrifice du Christ* réside dans le don que l'Esprit divin fait de lui-même à toutes les créatures humaines.

« Il est un seul Esprit, un seul Seigneur, un seul Dieu qui est au-dessus de tous, parmi tous et en tous (1); comme nous l'avons vu ci-dessus.

« Dieu demeure en nous, il nous a fait don de son Esprit (2).

Nous terminerons ce paragraphe en étudiant quelques maximes du Christ Esotérique ; mais disons avant tout, que Jésus ne juge pas, il a eu soin de nous le dire : Ne jugeons pas, si nous ne voulons pas être jugés ; mais c'est la vérité de sa Doctrine qui juge ; aussi tous ceux qui sont émus par la prédication du Christ, tous ceux-là sont dans la bonne voie, dans la voie de la vérité, de la pureté et de l'amour, ce n'est pas pour eux que le Sauveur s'est incarné ; il nous le dit : « Je suis venu appeler non les justes, mais les pécheurs. »

---

(1) Ephés. IV, 4, 5, 6.
(2) Jean. I, IV 12, 13.

« Et il a soin d'ajouter ce qui suit et que bien peu de commentateurs ont compris :

« Il y a plus de joie au ciel pour un pécheur qui se convertit que pour quatre-vingt dix-neuf justes qui font le bien. »

Ce qui signifie, qu'il y a plus de joie pour un pécheur qui s'amende et que les âmes bienheureuses se réjouissent beaucoup plus d'arracher une âme au mal, à la destruction, que de penser aux âmes pures, honnêtes et fermes pour lesquelles on n'a aucune inquiétude.

Le Christ recommande la lutte, c'est un exercice indispensable pour le salut, pour l'évolution de l'homme, c'est pour cela qu'il nous dit : « Ceignez vos reins, et ayez dans vos mains des lampes allumées (1). »

Ce qui veut dire, que l'homme doit se préparer à lutter contre le mal et avoir la plus grande vigilance en tout et pour tout.

De même quand Jésus parle de glaives, il ne parle qu'au figuré dans un sens spirituel ; les glaives désignent alors l'énergie spirituelle dont les apôtres ont le plus grand besoin pour accomplir leur mission. Le courage moral en effet est

---

(1) Saint Luc. ch. XII. v. 25.

autrement difficile à acquérir que le courage physique.

Nous terminerons ce chapitre en disant quelques mots de l'Eglise ancienne et de l'Eglise moderne.

La primitive Eglise Chrétienne possédait divers degrés d'enseignements spéciaux, ce qui lui faisait classer les fidèles en plusieurs groupes; parmi ceux-ci, nous mentionnerons les *Audientes* (Ecoutants) à qui les Instructeurs présentaient les vérités élémentaires de la Doctrine Chrétienne; les *Competentes* (les compétents) ceux qui étaient assez capables, assez instruits pour comprendre les vérités élevées de l'Enseignement; les *Electi* (Elus), c'est-à-dire ceux qui étaient jugés dignes d'être initiés à la *Doctrine secrète chrétienne*, mais à qui on ne divulgait pas les *Grands Mystères* qui étaient l'unique apanage des *Perfecti* ou Parfaits.

Saint Paul dans son langage sinon élégant, du moins imagé, désignait ces divers groupements de fidèles en disant qu'il fallait donner du *lait* aux Néophytes, c'est-à-dire l'explication sommaire de la lettre; et, de la *viande*, c'est-à-dire l'exégèse supérieure ou l'Esprit aux Elus; enfin enseigner la *Sagesse*, les hautes vérités aux seuls Parfaits (1).

L'Eglise moderne a abandonné toute tradition;

---

(1) Corinthiens, I, III. — 1. *Ibid.*, II, 6.

aujourd'hui, elle est profondément divisée en deux camps, le haut et le bas clergé.

Le premier délaissant à tort l'humilité et la pauvreté préconisées par le Christ, ce clergé est des plus orgueilleux et des plus ambitieux ; il lui faut des titres, des Eminences, des Grandeurs, des Excellences, il lui faut des palais pour y vivre dans le faste.

Au-dessous de lui vit un clergé presque misérable, aussi le recrutement de ce clergé est des plus pénibles, mais encore un grand nombre de prêtres jettent leur robe aux orties et ont bien raison. Aussi pouvons-nous dire que le mouvement qui se produit au sein de l'Eglise catholique romaine est d'un bon augure.

Un grand nombre d'anciens prêtres qui ne trouvent plus dans le catholicisme les hautes aspirations que réclament leur conscience éclairée, l'ont quitté.

C'est l'éveil de l'âme spirituelle parmi une sélection de la mentalité humaine occidentale. Ce sont les premiers bourgeonnements d'une Flore Supérieure de pensées sur notre terre Française, que la Réforme du xvie siècle a semée et arrosée de son sang généreux.

Aujourd'hui, ce sont encore les plus éclairés sortis de cette même Réforme qui doivent seconder et soutenir les nouveaux apôtres de l'Evangile de Jésus de Nazareth, de ces hommes qui, sentant en eux le Souffle (πνευμα) de l'Esprit Saint, reconnaissent enfin, que le Maître Divin parle à chacun de nous dans la chambre secrète du cœur, sans qu'il soit nécessaire d'intermédiaire oblitérateur de son rayon entre sa créature et son amour.

Tous les spiritualistes éclairés et sincères doivent applaudir chaleureusement au courage de ces Inspirés véritables, qui secouent le joug odieux autant que néfaste des courtiers de grâces célestes.

Applaudissons ces hommes de cœur et de raison, c'est-à-dire équilibrés dans leur humanité physique et mentale, qui entrent en lice pour le relèvement du sentiment religieux ; mouvement nécessaire encore à tant d'âmes, à un moment décisif pour la protection des consciences Chrétiennes profondément troublées et des cœurs abattus !

Il leur faut être presque des héros à ces anciens prêtres pour oser lever ainsi l'étendard de la liberté de conscience, surtout à l'heure actuelle ; car, jamais le moment n'a été aussi critique. C'est pourquoi notre admiration et nos encouragements fraternels ne doivent pas faire défaut à ces vaillants ;

ceci est pour leur cœur ; mais pour permettre à ces véritables disciples du Christ Jésus, de propager leur saine doctrine, il faudrait que la générosité des spiritualistes de toutes les Ecoles leur vinssent en aide.

Tous ceux qui désirent suivre le Pur Evangile dans son *sens ésotérique*, c'est-à-dire dans un sens dont on n'a jamais expliqué la divine beauté au grand nombre, tous ceux-là doivent accourir vers la lumière, vers la vérité de l'*Esotérisme Chrétien*.

Il y aurait certes beaucoup à dire encore sur ce sujet si entraînant et si vaste, mais il faut savoir se borner, aussi nous pensons que ce qui précède permettra aux penseurs de méditer sur cette importante question, qui doit ouvrir de nouveaux horizons à l'humanité !

CHAPITRE XVIII

LES VIERGES-MÈRES DES DIVERSES RELIGIONS

LA NATURE PRIMORDIALE

Comme nous venons de le voir dans le chapitre qui précède, toutes les religions ont eu dans leur mythologie des Vierges-mères.

Dans le présent chapitre, nous allons démontrer le bien fondé de cette assertion.

Dans tous les temps et tous les pays, les peuples ont toujours professé un culte pour la *Nature Primordiale*, qu'ils ont adorée sous le nom d'une Vierge-Mère.

Chez les Hindous : *Addha-Nari* ; chez les Egyptiens : *Isis* ; chez les Hébreux : *Astaroth* ; chez les Syriens : *Astarté* ; chez les Grecs : *Aphrodite* ; chez les Romains : *Vesta* ; chez les Finnois : *Luonnatar* ;

chez les Germains : *Herta* ; chez les Océaniens : *Ina* ; chez les Japonais : *Iza*, etc.

Chez tous ces peuples, ces Vierges-mères symbolisaient la *Nature*, c'est-à-dire l'ensemble de la vie du monde : êtres animés ou inanimés.

Aussi la plupart de ces vierges avaient comme devise : Je suis *tout* et dans *tout* !

Isis disait : « Je suis tout ce qui a été, tout ce qui est et tout ce qui sera, et nul mortel n'a soulevé mon voile ! »

Aujourd'hui la mère Nature ne se cache plus derrière un voile et la science des religions a peu à peu découvert leur Esotérisme, toujours le même, à travers les âges ; le Sphinx a enfin livré son secret et la Science et la Raison ont vaincu la *Révélation !*

Tout ce qui va suivre va démontrer clairement la vérité des lignes qui précèdent.

Aussi pouvons-nous dire que l'homme s'agite, que Dieu le mène et qu'il accomplit toujours sa destinée et cela, d'une façon inéluctable, et pouvons-nous aussi répéter au sujet de l'homme les strophes suivantes du poète hindou qui seront toujours vraies :

« Depuis mille et mille milliers d'années, les jours et les nuits tombent sur la terre habitée par les hommes.

« Depuis mille et mille milliers d'années les fleuves roulent leurs eaux vers la mer et la mer est le réservoir immense des eaux.

« Depuis mille et mille milliers d'années le soleil éclaire l'espace et donne la vie à tout ce qui existe sur le globe.

« Depuis mille et mille milliers d'années, l'homme tombe et se relève, meurt et renaît aussi promptement que les heures et que les jours.

« Les fleuves, la mer, le soleil sont inconscients de leur œuvre, mais l'homme se souvient de la route parcourue par ses ancêtres, il conserve le nom de son père.

« Il ne revient pas plus en arrière que la jeune fiancée qui se rend à la maison de son époux, il va tout droit, croyant qu'il arrivera. Où ? il n'en sait rien, mais il marche toujours ! »

Aujourd'hui, nous en savons un peu plus que le poète hindou et un grand nombre d'hommes savent où ils vont et quelle est leur destinée, surtout depuis que la *Doctrine Esotérique* a été étudiée par une élite intellectuelle et qu'elle commence à se répandre largement dans le monde des penseurs.

LA DÉESSE ADDHA-NARI. — LA VIERGE HINDOUE

Manou, livre premier, *Sloca* 32, nous dit :

« Ayant divisé son corps en deux parties, le souverain maître devint moitié mâle et moitié femelle et en s'unissant à cette partie femelle, il engendra *Viradj*.

Ceci constitue une Trinité :

Nara, Brâhmâ révélé ou Zyaus, c'est le père.

Nari, c'est l'épouse.

Viradj, c'est le fils.

Telle est la Trinité Initiale.

Le *Germe* qui a fécondé le *principe-mère-Divin*, l'*Utérus d'or* suivant l'expression Védique et qui a reçu dans l'Inde les noms de *Esprit* et *Verbe* !

Ceux-ci se confondaient dans Brâhmâ le père.

Dans un grand nombre de Pagodes du Sud de l'Inde, on voit une belle figure de Brâhmâ couché sur une feuille de Lotus, dans la pose d'un homme qui sommeille. Cette figure a ceci de particulier qu'elle est Hermaphrodite. La tête bien que douce, fine et gracieuse, comporte cependant une grande énergie, elle est pourvue d'une abondante chevelure. La poitrine est celle d'une femme ayant des hanches fortement développées, quant aux jambes et aux bras, ils sont d'une forme délicate et virile tout à la fois ; toutes les beautés corporelles de l'homme et de la femme se trouvent réunies dans cette représentation ; on dirait dans un même corps Adonis et Vénus, car si, au-dessus de la taille, c'est le corps d'une belle déesse, au-dessous, c'est bien celui d'un homme incontestablement viril.

C'est la représentation du *Créateur Initial*, le Dieu primitif à double nature : *mâle* et *femelle* !

Toutes les *Déesse initiales* sont nées de cette même fiction.

Plus tard, on n'admit plus qu'un générateur mâle Brâhmâ, dans lequel se confondirent les trois qualités de créateur, de conservateur et de transformateur.

De là cette nouvelle Trinité dans l'Unité.

Brâhmâ, le créateur ;

Vishnou, le conservateur ;

Siva, le transformateur.

Et tous les demi-Dieux, Esprits et Génies, mandataires de la Trinité sont nés de cette croyance.

Toutes les religions sont issues d'une même conception initiale, LA DIVINITÉ-MÈRE !

Dans l'Inde, nous venons de le voir, la Vierge-immortelle de l'immortel créateur est *Nari*.

Nara est l'Etre immense, incommensurable, qui est tout et dans tout, qui est matière et intelligence qui est l'Univers suivant les Védas et Manou, il est aussi, avons-nous vu, Brâhmâ révélé, c'est-à-dire passant de l'inaction à l'action, du repos à la création, ce qui constitue les nuits et les jours de Brâhmâ.

Pendant la nuit, quand il sommeille, tout dans la nature se dissout, se désagrège, tombe dans le chaos et quand il se réveille, tout renaît, tout ressuscite, tout vient à la vie! Mais, chaque jour et chaque nuit de Brâhmâ durent des centaines de millions d'années. « Un baiser de Nara sur les lèvres de Nari et la Nature tout entière s'est éveillée », nous dit le vieux poète hindou Vina Snati; ce qui veut dire que Nara et Nari, pendant la nuit sont confondus dans le même sommeil et dès que le jour divin fait son apparition, commence la période de leurs amours et la fécondité de Nari qui est continue donne naissance à tous les êtres, à tous les mondes de l'aurore du jour divin au crépuscule, qui est le signal de la décomposition universelle. C'est le feu *Agni* qui symbolise l'amour de ces deux principes, de la longue période de leurs amours, de laquelle naissent toutes les transformations successives de la Nature. Dans ce symbole, Nari le Père et Nara la Mère, ne font que créer, sans cesse, ni repos pour soutenir Viradj, le fils, c'est-à-dire l'Univers, c'est-à-dire encore, qu'ils se sacrifient constamment pour la *Création*.

Dans les représentations figurées, Nara se montre sous la forme d'un taureau et Nari ou *Addha-Nari*, sous celle d'une génisse.

Dans l'Inde antique, la Divinité-Mère fut seule adorée et c'est à elle seule qu'on éleva des temples. Quant à Nara, il inspirait une si grande crainte, qu'on ne l'adorait seulement que dans l'intérieur des forêts.

Le culte de Nari était confié uniquement à des Vierges qui y étaient consacrées dès leur enfance et qui devaient rester toujours vierges, afin de servir l'autel de Nari. C'est à ces mêmes vierges, à qui était confié la garde perpétuelle du *Feu Sacré*, symbole de l'union des deux principes et ce feu ne devait jamais s'éteindre ; celle qui l'aurait laissé mourir aurait été punie de mort comme celle qui aurait violé son vœu de chasteté.

Les cérémonies publiques du culte d'Addha-Nari consistaient à chanter des hymnes en l'honneur de la Mère-Universelle et à exécuter des danses symboliques, aussi nommait-on ces jeunes Vierges *Dévadassi*, c'est-à-dire Danseuses célestes.

Chaque matin, après leurs ablutions, elles offraient à Nari, un sacrifice de fleurs accompagné d'une libation d'eau pure, cette libation était suivie d'une adoration au feu, le tout accompli en psalmodiant cette prière :

« Adoration à Addha-Nari, la Mère du monde !

« Reçois cette libation d'eau pure ; elle est la plus excellente chose sortie de ton sein : c'est l'eau qui féconde la terre, qui fait pousser la moisson et qui nourrit les hommes.

« Adoration à Addha-Nari, la Mère du monde !

« Feu, vous êtes l'Amour, vous êtes la Fécondité de Nari, vous êtes la Vie, vous purifiez tous les êtres ; vous êtes la Lumière et sans vous rien ne saurait exister.

« Adoration à Addha-Nari la Mère du monde !

« Reçois ces libations d'eau et de feu ; protège l'Univers sorti de ton sein. Que nos prières et nos chants s'élèvent jusqu'à toi dans les vapeurs du feu des sacrifices.

» Adoration à Addha-Nari, la Mère du monde ! »

Ce culte est très ancien, il a, dit-on, précédé l'époque Védique ; aussi reste-t-il fort peu d'hymnes et de prières, qu'on puisse lui rapporter d'une manière certaine. Ainsi une hymne dite du *Lotus blanc* (*Gardawabahya*) est beaucoup plus récente et apocryphe (peut-être) ; en tout cas, elle date d'une époque de décadence, alors que Nara et Nari étaient figurés seulement par les organes de la génération : Nara sous l'aspect du *Lingham* et Nari sous celui du *Nahaman* (*Yôni*).

Quand le culte de Nari, par suite de transformations successives, aboutit au culte grossier du *Nahaman*, les chastes Devâdassi survécurent cependant à leur *Déesse*, elles continuèrent à chanter les hymnes nouvelles en l'honneur de la Trinité et des nouveaux Dieux ; elles restèrent également les fidèles gardiennes du feu sacré de Brâhmâ, de Vishnou et de Siva, mais elles n'eurent plus qu'un rôle secondaire comme Prêtresses, car ce furent les Brahmes qui eurent, dès lors, toute l'autorité religieuse.

Cependant les anciennes traditions témoignent que les Prêtresses restèrent longtemps encore chastes et pures, que ce n'est que longtemps après, dans une époque presque moderne, que les Prêtres abusèrent de leur autorité pour persuader aux Prêtresses que se livrer aux ministres des autels ne constituait pas une faute, car ce n'était pas rompre leurs vœux de chasteté !

Voici les divers noms que Nari (Vierge immortelle) a reçu dans l'Inde : *Brahmy* (Mère Universelle) ; *Hyranya* (matrice d'or) ; *Paramatma* (âme de tous les êtres) ; *Lakmy* (Lumière céleste) ; *Mariama* (Fécondité perpétuelle) ; *Sakty* (Reine de l'Univers) ; *Agasa* (Fluide pur) ; *Ahancara* (Conscience Suprême) ; *Canya* (Vierge chaste) ; *Canyabâva* (Virginité éternelle) ; *Tanmâtra* (Réunion des cinq éléments), c'est-à-dire : l'air, l'aither, le feu, l'eau et la Terre ; *Trigana* (Amour, Richesse et Vertu).

Passons à la déesse égyptienne, à Isis, la Bonne Mère :

ISIS

LA VIERGE-MÈRE ÉGYPTIENNE

D'après Diodore de Sicile (1) Isis signifierait l'*Ancienne*.

Dès les temps préhistoriques, la veille Egypte est monothéiste ; mais dans cette très haute antiquité, le monothéisme de la *Bonne Déesse* est mitigé

---

(1) Liv. Ier, § 2.

par l'accession d'Apophis (en égyptien *Apap*), le hideux serpent dont Isis dompte la mauvaise influence qu'il s'efforce d'exercer sur les humains pour balancer le pouvoir de la Déesse bienfaisante, cette influence est vaincue, mais non sans une vigoureuse résistance qui témoigne d'un certain pouvoir de l'esprit du mal.

Cette lutte introduit dans la Théodicée Egyptienne un élément dithéiste, que l'on retrouve dans un très grand nombre de religions.

Isis finit par écraser la tête du serpent, le crochet du phallus, de même que Myriam ou Marie, la Vierge-Mère Chrétienne.

Isis, femme et sœur d'Osiris après la lutte de celui-ci avec Set, parvient à retrouver et réunir les membres dispersés de son Epoux-Frère ; par ses incantations magiques, elle rappelle Osiris dans son corps, il peut donc ressusciter et devenir Horus, c'est-à-dire *Fils d'Isis*.

Un papyrus du Musée de Berlin publié par J. de Horrach (1) n'est qu'une sorte des incantations récitées par Isis et Nephtys (*les deux couveuses, les deux pleureuses*). Celle-ci aide sa sœur Isis dans la tâche entreprise de ramener Osiris à la vie.

(1) *Les lamentations d'Isis et de Nephtys*, d'après un manuscrit hiératique du musée de Berlin, Paris, 1866. — Nous en avons parlé ci-dessus.

C'est le Dr Brugsch qui a, bien souvent, attiré l'attention des égyptologues sur ce papyrus qui porte le n° 1425 et qui provient des ruines de Thèbes, où il fut découvert dans une statue d'Osiris, il ne mesure pas moins de 5 mètres de longueur sur 0,40 centimètres de hauteur.

Ce papyrus nous fournit une série d'évocations et d'invocations, nous ne donnerons ici qu'une clause finale qui pour nous, est extrêmement remarquable, la voici (1) :

« Lorsque cela est récité, le lieu (où l'on est) est très grandement saint. Que ce ne soit ni vu, ni entendu par personne, excepté par le prêtre supérieur et l'assistant. — Deux femmes belles de leurs membres ayant été amenées, on les fait asseoir par terre à la porte principale de l'Ousekh (2); on fait inscrire sur leurs épaules, les noms d'Isis et de Nephtys ; on place des vases de cristal (?) pleins d'eau dans leur main droite, des pains faits à Memphis dans leur main gauche. Qu'elles soient

---

(1) Ceux de nos lecteurs qui voudraient lire cette évocation la trouveront page 114 de notre *Isis dévoilée*, in-8°, Paris, 1894, 2° éd., 1896.

(2) Cette clause finale commence par une formule mystique fort curieuse, qui mérite qu'on s'y arrête. On rencontre du reste cette formule dans un *Rituel funéraire* (Lepsius, *Todtembuch*, 148, 3 et 5).

attentives aux choses faites à la troisième heure du jour et pareillement à la huitième heure du jour. Ne cesse pas de réciter ce livre à l'heure de la cérémonie. — C'est fini ».

Isis est aussi le symbole de la terre féconde et l'image du Soleil-Levant.

Dans notre ISIS DÉVOILÉE, nous citons (page 116) en traduction française, tout ce que nous dit Apulée, le philosophe Platonicien de Madaure.

Diodore de Sicile, toujours dans son *premier livre*, nous apprend encore qu'on consacrait une génisse à Isis, parce que l'utile fécondité de la vache était considérée comme un des bienfaits de la Déesse.

D'après Lucien (1) on suppose que cette même déesse présidait à l'inondation du Nil, qu'elle inspirait les vents et protégeait les navigateurs. Ce rôle de protectrice des navigateurs à un sens Esotérique que nous donnons par la traduction d'une légende qui se trouve gravée sur un sacrophage du Louvre.

« Je viens à toi, dit Isis, je suis près de toi pour donner l'haleine à tes narines (te faire respirer) afin que tu respires les souffles, sortis du Dieu Ammon pour réjouir ta poitrine, pour que tu sois déifiée;

(1) *Dialog. Deor.* III, II.

que tes ennemis soient sous tes sandales et que tu sois justifié dans la Demeure céleste ».

Disons en terminant cette courte notice sur Isis que l'arche sacrée de la déesse donna l'idée aux Hébreux de transporter leur Jéhovah dans une arche, lors de leur exode d'Egypte, et le Dieu d'Israël, d'Isaac et de Jacob n'eût pas d'autre temple jusqu'au jour où l'affermissement des Hébreux en Palestine leur permit d'en ériger un, à Jérusalem.

ASTAROTH

LA VIERGE HÉBRAÏQUE

Comme tant d'autres peuples, les enfants d'Israël adorèrent à l'origine le *Principe-Mère*, la grande Faculté créatrice, qui avait donné naissance à l'Univers ; ils la nommaient : ASTAROTH (Reine des Cieux !)

Donc, le Dieu primitif des Hébreux n'a pas été *Jéhovah*. Du reste, supérieur à celui-ci, il y avait les ÆLOHIM, les Dieux (Lui-Les-Dieux) créateurs du ciel et de la terre, d'après la Genèse. Or l'on ne saurait expliquer ce singulier pluriel, que par la conception d'une double nature (mâle et femelle) de la Divinité. Ce qui prouve bien que celle-ci était double, c'est que nous voyons dans la Bible que Dieu fit l'homme à son image, c'est-à-dire qu'il le créa mâle et femelle, tandis qu'au chapitre suivant, il ajoute : il n'est pas bon que l'homme soit seul ; alors le plongeant dans un sommeil léthargique, il tira de sa côte, une nouvelle créature, Eve, qu'il dénomme une *Hommesse*.

Revenant aux premières lignes qui précèdent, nous répéterons que la première Divinité fut, chez les Hébreux, comme chez un très grand nombre de peuples, chez tous, pourrions-nous dire, une Divinité-femme, une *Reine des cieux*.

A ceux de nos lecteurs, qui ne pourraient accepter sans hésitation ce fait, nous n'aurions qu'à leur citer la Bible encore, pour donner la preuve de notre assertion. Et nous leur dirions que Jérémie, prêchant au peuple de Juda, cherchait à le rattacher aux idées qui amena une sorte de révolution sous Josiah ; les anciens du peuple lui dirent (1) :

16. Pour ce qui est de la parole que tu nous as

---

(1) Jérémie, *chap.* XLIV, V, 16 à 20.

dite au nom de l'Eternel nous ne t'écouterons point.

17. Mais nous ferons certainement tout ce que nous avons dit en faisant des encensements à la *Reine des Cieux* et en lui faisant des aspersions comme nous et nos pères, nos rois et les principaux d'entre nous, avons fait dans les villes de Juda et de Jérusalem ; nous avons *alors* été rassasiés de pain, nous avons été à notre aise, et nous n'avons point vu le mal.

18. Mais depuis le temps que nous avons cessé de faire des encensements à la *Reine des Cieux* et de lui faire des aspersions, nous avons manqué de tout, et nous avons été consumés par l'épée et par la famine.

19. Et quand nous faisions des encensements à la *Reine des Cieux*, et que nous faisions des aspersions, lui avons-nous fait des gâteaux où elle était représentée et lui avons-nous répandu des aspersions à l'insu de nos maris ?

20. Alors Jérémie parla à tout le peuple qui avait ainsi répondu, et il dit, etc.

Par ce passage, on voit fort bien que les juifs n'encensaient et n'adoraient que la *Reine des Cieux* et non Jéhovah, ou l'Eternel ; or cette Reine était Astaroth, dont la Tribu de Manassé avait donné le nom à l'une de ses villes.

Ce même passage témoigne aussi que les femmes étaient bien Prêtresses d'Astaroth et qu'elles desservaient ses autels.

Enfin, si l'on étudie la description des temples, des bois sacrés, des enceintes placées sous la protection de la même Reine des Cieux, on voit fort bien que la religion des Hébreux fut dans son origine et pendant des siècles conforme à celle des nombreuses nations orientales, ses voisines.

Nous savons aussi que Josiah après avoir lu le *Livre de la Loi*, aux prêtres et aux magiciens, détruisit les animaux conservés autour des sanctuaires ainsi que les *Chevaux du Soleil*.

Pour peu qu'on réfléchisse, on voit bien que toutes ces religions sont tirées d'un même fonds très primitif, car toute leur mythologie se ressemble à un tel point, qu'elle ne peut provenir que d'une seule et même source; or cette source est la *Doctrine Esotérique*.

ASTARTÉ ou HASCHTORETH

LA VIERGE-MÈRE SYRIENNE

Astarté, la *Reine des Cieux* des Syriens, est aussi une vierge immortelle, qui naquit d'un œuf, de l'œuf primitif dans lequel l'Etre Suprême s'était enfermé lui-même pour se révéler, c'est-à-dire encore pour créer l'Univers.

Nigidius (1) nous dit que : « Les Syriens prétendent qu'un pigeon couva pendant plusieurs jours un œuf placé dans un nid sur les bords de l'Euphrate », d'où naquit Astarté qui n'est rien autre que l'Astaroth des Juifs.

Cet œuf avait été fécondé par l'Esprit divin, qui avait pris pour la circonstance la forme d'un pigeon et du sein d'Astarté sortit le germe de tous les êtres.

A l'origine, le culte d'Astarté respirait la plus grande pureté, mais successivement en traversant les âges, la Mère Initiale, la Grande Créatrice, As-

---

(1) *In Germanico.*

tarté devint une Vénus, *La Vénus Syrienne*, et la tradition nous a appris que son culte secret et ses cérémonies orgiaques donnèrent lieu aux obscénités les plus monstrueuses, sous prétexte de célébrer les fêtes de l'*Amour Universel* et de la *Fécondation de la nature entière.*

APHRODITE

LA VÉNUS-ANADYOMÈNE, LA MÈRE UNIVERSELLE DES GRECS

De même qu'en Syrie, en Egypte et dans l'Inde, la Mère Universelle des Grecs, *Aphrodite*, la *Déesse de la Beauté* sortit de l'œuf primitif de l'*Ecume* de la mer; les Grecs la considèrent comme la *Reine des Cieux*; ils la dénomment alors *Vénus-Uranie*.

A Cythère et à Paphos, elle se nomme tout simplement *Vénus* et elle n'est adorée que comme le *Symbole de l'Amour*; enfin quand son culte tombe dans la licence, elle n'est plus que *Vénus-Pandémos*; que la *Mère de Priape*.

L'immense fécondité de la Vénus grecque n'a

été qu'un symbole poétique de la puissance créatrice pour expliquer la formation de tous les êtres. Cette allégorie explique la fureur de Vénus Aphrodite passant dans les bras des Dieux, des demi-Dieux, des Héros et des hommes. C'est encore plus à Vénus qu'à Messaline, à qui on peut appliquer le *lassata, sed non satiata*, car aucune Déesse, chez aucun peuple, n'a eu une aussi longue course impudique que la Blonde Vénus des Grecs : l'Aphrodite-Anadyomène.

Reine de la Création à son aurore, elle flotte sur les eaux de l'Océan et Mère de Priape à son crépuscule, elle s'enfonce dans la vase, dans la boue de la marée basse !...

Tous les temps et tous les pays ont plus ou moins connu cette dernière mère.

VESTA

LA VIERGE CRÉATRICE DES ROMAINS

Vesta, c'est chez les Romains la Mère de la terre, ils l'adoraient sous la forme du feu, symbole de la vie dans toutes les mythologies anciennes. La terre et le feu, c'est-à-dire la matière et la vie, ce double symbole, indique bien le rôle de Vesta chez les anciens peuples du Latium. C'est la principale divinité de la Rome antique, de l'Antique Rome de Romulus.

Le culte de Vesta paraît venir en droite ligne de l'Orient. Comme dans les temples hindous, des prêtresses, nommées *Vestales*, étaient chargées d'entretenir perpétuellement le feu sacré sur les autels de la Déesse et de présider aux cérémonies mystérieuses, qu'on accomplissait dans les sanctuaires de la Déesse.

Les Vestales devaient être Vierges et conserver leur chasteté leur vie durant. Une mort terrible punissait toute infraction à leur vœu de chasteté.

Toute prêtresse convaincue d'avoir manqué à son vœu était descendue vivante dans un caveau, où elle ne trouvait qu'un pain, une cruche d'eau et un peu de paille; une dalle était scellée sur la tête de l'infortunée coupable, c'est-à-dire sur l'ouverture du caveau, qui la renfermait.

Plus tard, cette rigueur de la loi religieuse s'adoucit. Après trente ans de service, les Vestales étaient relevées de leur vœu.

Le culte de Vesta, le plus pur des cultes romains, fut celui qui lutta le plus longtemps contre le christianisme. En effet, le sacré Collège des Vestales ne fut aboli que par un décret de Théodore vers la fin du ɪᴠᵉ siècle. Ce décret fut promulgué sur la sollicitation de saint Ambroise.

Si le culte de la chaste Vesta se perpétua si longtemps, on peut attribuer cette longévité à sa pure conception initiale, conception qui était bien d'origine orientale, puisqu'il relevait de l'immortelle créatrice de l'Inde, de Addha-Nari, que quelques auteurs appellent à tort *Ardha-Nari* et *ardgga-Nari*.

LUONNOTAR

LA VIERGE FINNOISE

Luonnotar le nom de la Vierge-Mère Finnoise signifie *Force créatrice* ; elle personnifie l'air, la terre et l'eau, ainsi que la matière et la vie. Elle est la seconde personne de la Trinité Finlandaise qui comprend Ukko, le Dieu Suprême irrévélé : *Luonnotar*, fille d'Ukko et mère de *Wainamoïnen*, le Dieu créateur.

Aussitôt née, à peine sortie du germe primitif, Luonnotar vient flotter sur les eaux primordiales.

Léouzon-le-Duc qui nous a le premier révélé l'épopée Finnoise du *Kalévala*, nous indique fort bien la naissance de Luonnotar, ainsi que ses diverses créations.

« La Vierge de l'air, dit cet auteur, descend des hauteurs éthérées au milieu de la mer ; la tempête la berce sur les flots, le souffle du vent féconde son sein et durant sept siècles, elle porte son lourd fardeau, en exhalant ses plaintes et ses gémissements et en invoquant les secours d'Ukko, le Dieu Suprême.

« Un aigle qui plane dans les nues aperçoit à la surface de l'eau le genou découvert de la Vierge de l'air, il le prend pour un tertre de gazon et y bâtit son nid dans lequel il dépose sept œufs et se met à les couver.

« Tout à coup la Vierge de l'air secoue son genou, les œufs roulent dans l'abîme, se brisent et leurs débris forment le ciel, la terre, le soleil, les étoiles et les nuages.

« La Vierge de l'air poursuit ses créations et donne naissance à Wainamoïnen, le Runoïna éternel. »

Comme on le voit, dans toutes les Théogonies,

nous retrouvons toujours la Vierge-Mère de la Nature, ainsi qu'un œuf primitif qui donne naissance à toutes les créations de l'Univers.

La Vierge Finlandaise Luonnotar, crée et féconde ; et son fils Waïnamoïnen jette le germe divin sur toute la nature.

Voici la légende de Waïnamoïnen chantée par un vieux Barde (1).

« Waïnamoïnen dirige ses pas à travers l'île située au milieu de la mer, à travers la terre dépouillée d'arbres.

« Il vécut de longues années sur cette île sans nom, sur cette terre stérile.

« Et il pensa dans son esprit, il médita dans son cerveau : Qui viendra maintenant ensemencer le champ, qui le remplira de germes féconds.

« Pellervoinen, le fils des champs, Sampsa (2), le jeune garçon, voilà celui qui ensemencera le champ et qui le remplira de germes féconds.

« Et soudain, il se mit à l'œuvre, il versa la graine sur les plaines et sur les marais, sur les talus de terre molle et sur les espaces rocailleux.

« Il sema les pins sur les collines, les sapins sur

---

(1) IN KALÉVALA, *Deuxième runo.*
(2) Noms de Waïnamoïnen, comme protecteur des champs.

les hauteurs, les bruyères sur les grèves ; il planta les vallées de jeunes arbrisseaux.

« Puis il remplit les lieux humides de bouleaux, les lieux sablonneux d'aunes, les endroits frais de peupliers, les terres arrosées de saules, les terres sacrées de sorbiers, les terres mouvantes d'osiers, les champs arides de genévriers, les bords de rivières de chênes.

« Et les germes poussèrent ; on vit les branches se déployer avec leurs cimes fleuries, les pins avec leurs couronnes touffues, les bouleaux et les aunes avec leur verdure ; on vit les peupliers et les genévriers s'élever et se couvrir de beaux et savoureux fruits. »

Nous n'insisterons pas davantage sur la Vierge Luonnotar, mais il nous sera bien permis de dire qu'elle est presque identique à celle de toutes les autres légendes, qu'elles viennent du Midi ou du Nord, de l'Orient ou de l'Occident.

HERTA

LA DÉESSE DES GERMAINS

Nous savons fort peu de choses sur cette déesse ; son nom signifie *Déesse de la Terre* et chez les

Germains de même que chez les Scandinaves, elle représentait la *Force créatrice* par excellence. C'était la Reine des sphères célestes, la Mère de l'Univers animé et inanimé, la *Matrice d'or* de la Mythologie Hindoue dans laquelle, Dieux, hommes, tous les êtres ont pris naissance.

Le culte qu'on rendait à Herta ne nous est point connu, mais sans crainte de se tromper, on peut penser qu'il ne différait guère de celui que les Hindous rendaient à Addha-Nari, la Mère Universelle. Nous savons qu'il y avait deux centres principaux de son culte ; l'un dans l'île de Rugen, située dans la Baltique et l'autre dans la Forêt Hercinienne.

Relativement à son culte, nous savons qu'il était desservi par des Prêtresses et que celles-ci étaient secondées par des Bardes qui chantaient des hymnes dans les cérémonies religieuses.

INA

LA VIERGE-MÈRE OCÉANIENNE

Une légende nous apprend que le Grand Dieu Océanien Jhoiho, quand il voulut passer de l'inactivité à l'activité (sortir de son repos) pour rendre l'existence à l'Univers, divisa son corps en deux parties : l'une mâle dénommée *Taaroa* et l'autre femelle : *Ina*.

De l'union de Taaroa et d'Ina naquit *Oro* : ce qui nous donne la Triade Océanienne.

Ina a donc été en Polynésie la *Matrice d'or*, de laquelle sont sortis tous les êtres, aussi la nomme-t-on *La mère Universelle*.

En ce qui concerne le culte d'Ina nous n'en connaissons rien, il a disparu avec le grand continent polynésien, sur lequel il s'était révélé.

Ina pour la représenter n'a laissé sur quelques récifs que son fils Oro, qui n'a pour adorateurs que les fidèles qui ont pu se sauver du grand cataclysme. Encore faut-il ajouter pour être exact, les fidèles que lui ont laissé les Prédications des Evangélistes, des Anglicans, des Quakers, des Protestants et autres sectes.

IZA

LA VIERGE-MÈRE JAPONAISE

Quand les Bouddhistes furent chassés de l'Inde par les Brahmanes, tous les pays d'Extrême-Orient se rallièrent successivement à la Doctrine de Sakya-Muni, de Bouddha, qui avait pris naissance dans l'île de Ceylan ; aussi est-il bien difficile, pour ne pas dire impossible, de trouver des matériaux certains, authentiques, pour reconstituer les croyances primitives des religions de ces pays d'Orient qui se nomment : Birmanie, Siam, Annam, Cochinchine, Indo-Chine, Thibet, Chine et Japon. Tout ce qu'on peut affirmer c'est que le Brahmanisme ancien a dû à une certaine époque, composer le fond commun de l'ancienne Asie ; ajoutons cependant qu'au Japon, il existe une secte indépendante du Bouddhisme qui paraît avoir conservé intactes les sources, d'où sont sorties les croyances génésiques de l'Inde antique et de la Polynésie.

Nous allons résumer l'antique genèse du Japon d'après l'ancienne Doctrine du Sinsyou dénommée *Kami-not-Mitsi*, c'est-à-dire la *Voie des Dieux* ou l'*Echelle progressive des Etres*.

D'après cette doctrine, un Dieu Suprême, n'ayant pas eu de commencement et qui n'aura pas de fin, sortit du chaos primitif pour passer de l'inaction à l'action et se révéler pour la création.

La Doctrine du Sinsyou est basée sur l'Unité dans la Trinité, sur la révélation et sur l'incarnation divine. Elle admet aussi un principe féminin dans la Divinité, *Une mère Universelle* du sein de laquelle sont sortis tous les Etres; ce principe est dénommé *Iza-na-mino-mikoto*.

Le culte d'Iza, la Grande Iza, comme l'appellent les Japonais, s'est conservé jusqu'à nos jours dans toute sa pureté; son symbole est le feu et depuis les temps préhistoriques, un Collège de Prêtresses présidé par une fille même du Mikado, garde dans le temple d'Isye les lampes sacrées, constamment allumées.

La présidente du Collège des Prêtresses est dénommée *Saï-Kou*, c'est-à-dire *Souveraine céleste*.

Si nous étudions la théogonie de la Doctrine Sinsyou, nous voyons que le Dieu Suprême, *Ame-no-mi-nako-nusino-Kami*, mot composé qui indique l'éternité et la puissance du Dieu, n'est pas le Créateur direct de l'univers comme le Zyaus de l'Inde et le Jhoiho Polynésien; il dédouble son corps en deux parties, l'une mâle, nommée *Isa-na-mino-mikoto*, l'autre femelle, *Iza-na-mino-mikoto*.

Iza-nagi dit à Iza-nami : « Vois l'immense étendue des eaux, qui bouillonnent autour de nous, il faut en faire sortir la terre habitable. »

Alors le Dieu, plongeant dans l'abîme des eaux, souleva avec une lance d'or des masses de boues qui constituèrent les différentes îles qui formèrent le Japon.

La première île qui fit son apparition fut *Onokoro-Sima*, aujourd'hui dénommée *Kiousiou*.

D'après le voyageur Siebold, la plus vaste des îles Japonaises : le Nippon, n'aurait été à l'origine, quand elle apparut au bout de la lance divine, qu'un tout petit îlot, qui lors d'un cataclysme diluvien se serait considérablement agrandi ; c'est ce même cataclysme, qui aurait submergé le continent Polynésien et amené sa séparation d'avec l'Asie.

Une autre légende nous apprend que le Déluge auquel nous venons de faire allusion, eut lieu pour détruire les premiers hommes d'un race qui étaient devenus mauvais, parce qu'ils avaient oublié leur créateur ; aussi pour racheter ces hommes Iza-nagi, le principe mâle de la Divinité, s'incarna dans le sein d'une femme de la terre, d'une *Vierge mortelle* et vint gouverner le Japon sous le nom de *Zinmouten-Wou* ; c'est lui qui fonda le culte primitif qui donna des lois aux Japonais et fit refleurir sur la terre toutes les vertus. Sa mission une fois accomplie, il remonte aux cieux pour rejoindre sa compagne Iza-Nani, mais après avoir laissé un fils sur la terre qui devint la souche des Mikados ou Chefs religieux du Japon.

CHING-MOU LA SAINTE-MÈRE

Chez les Chinois, on nomme la Vierge-Mère *Ching-Mou*, c'est-à-dire la Sainte-Mère, la mère de la parfaite intelligence. Ils la représentent généralement tenant par la main son enfant ou le portant sur ses genoux. La mère a la tête voilée par une sorte d'écran de soie et les deux personnages (mère et enfant) ont la tête nimbée (auréolée) et, fait digne de remarque, cette représentation figurée est presque constamment placée dans une niche pratiquée dans le mur, situé derrière l'autel. Or dans les Eglises catholiques, la chapelle de la Vierge est presque toujours placée derrière le maître-autel de la nef, au chevet de l'Eglise.

Avant de terminer ces courtes notes sur la Vierge chinoise, disons qu'on la nomme aussi *Léou-niu-mi*, terme qui signifie littéralement, Vierge qui porte sur sa tête des Epis ; la Démeter des Grecs, ainsi que toutes les Vierges aux épis pourraient donc tirer leur origine de la Vierge chinoise, de Ching-Mou !

Nous pensons qu'il sera utile de mettre ici sous

les yeux de nos lecteurs une courte étude que notre collègue le baron Textor de Ravisi a présentée au Congrès des Orientalistes (1) : « Je ferai remarquer, a dit notre collègue, que le dogme de la *maternité virginale*, c'est-à-dire miraculeuse, est accrédité dans la plupart des religions anciennes et modernes.

Ce qui caractérise en Chine le dogme de la « Vierge-Mère » ou Ching-Mou, c'est que si ailleurs il est à l'état d'exception miraculeuse, là on en trouve une multitude d'exemples. Ailleurs, il ne s'applique qu'à la mère du Rédempteur-Dieu : là c'est non seulement à la Mère du Saint (*Ching-jin*), à la Mère du Fils du ciel (*Tien-tsée*), mais encore à des mères de dieux et de demi-dieux, voire même de héros et de grands hommes.

Du reste dans tous les temps et chez tous les peuples, la virginité a été considérée comme un état sublime et saint.

« Des sybilles, pensaient les païens et avec eux les juifs et les chrétiens, avaient reçu de Dieu le don de prophétie, en récompense de leur virginité.

« Je ne rappellerai pas ici les hommages publics

---

(1) Première session, Paris, 1873.

qui ont été rendus dans l'ancienne Europe aux vierges païennes (sybilles, vestales, druidesses, vellédas), ni le respect où le christianisme a tenu nos vierges religieuses et laïques. Mais j'ajouterai que nous ne croyons pas assez à la vénération, dont la véritable Vierge était et est encore l'objet dans la Société Asiatique.

« L'antique loi de Manou, par exemple, déclare que les cérémonies pour les mariages ne regardent que les vierges, les femmes qui ne le sont pas, étant exclues de toute cérémonie légale.

« Non ! chez les anciens peuples de l'Asie, la virginité n'était pas en opprobre comme plusieurs l'ont pensé ; seulement le mariage étant l'état naturel de l'homme, la virginité n'était comprise qu'à l'état d'exception, exception que la dissolution des mœurs et l'excitation du climat rendaient tellement nominale, qu'elle était réputée vertu inaccessible à la faiblesse humaine et même à la perfection divine ; c'était, si l'on peut parler ainsi, une vertu *extra-divine*.

. . . .

« Les Brahmanes eux-mêmes ont enseigné et continuent d'enseigner que lorsqu'un Dieu daigne descendre sur la terre sous une forme humaine pour consoler ou sauver les hommes, il s'incarne dans le sein d'une vierge.

« Je ne suivrai pas ici le dogme de la maternité virginale dans l'Inde, c'est-à-dire dans les religions Brahmanique et Bouddhique, mais je rappellerai seulement que ce dogme se trouve dans les traditions et dans les écritures de tous les peuples.

« Les prêtres égyptiens enseignaient l'antique prophétie du Rédempteur attendu, de la maternité virginale et de la femme devenue féconde par le souffle de Dieu. C'est d'après eux, que les Grecs et plus tard, les Romains ont inventé plusieurs fables ou mythes de ce genre dans leurs mythologies.

« Les Druides vénéraient la Vierge, mère du futur libérateur. Admirable symbole : la femme était représentée les *yeux fermés* (ce qui indiquait qu'elle n'était pas née encore), mais l'enfant qu'elle portait dans les bras avait les *yeux ouverts* (ce qui indiquait que l'enfant à naître était déjà né), c'est-à-dire le Verbe éternel !

« Les Chinois attribuent également une Vierge-Mère à *Heou-tsi*, chef de la dynastie des *Tchesou*, et le livre sacré des Vers chante la pureté et la sainteté de cette Vierge nommée *Kiang-Youèn*, celle qui fut à l'origine la Mère du peuple, dit ce recueil vénéré des antiques poésies, ce fut *Kiang-Youèn*.

Comment donna-t-elle le jour au peuple ? Elle dompta ses passions, elle offrit des sacrifices au ciel (*tien*), afin de ne pas demeurer sans enfant.

. . . .

« L'Empereur Khien-loung, dont Voltaire a célébré les talents poétiques, a écrit en *Mandchou*, un poème célèbre en Chine, dans lequel il insinue que le chef de sa dynastie avait reçu le jour d'une Vierge.

« C'est là, sur cette montagne fortunée, qu'une Vierge céleste, sœur cadette du Ciel, ayant goûté d'un fruit que la plus éclatante des couleurs faisait remarquer entre tous les autres, conçut après l'avoir avalé, et devint mère d'un fils célèbre comme elle (1).

Nous terminerons ici, ce que nous devions dire des Vierges-Mères ; le lecteur pourra remarquer que nous n'avons parlé que subsidiairement de la Vierge-Marie du catholicisme, ce n'est pas un oubli de notre part, mais nous avons pensé qu'il était inutile d'aborder un sujet aussi connu en général de tous les lecteurs.

(1) *Éloge de Moukden*, page 13.

LES HOMMES NÉS D'UNE VIERGE

A propos de la Vierge Chinoise, nous donnerons dans ce paragraphe le nom de quelques hommes illustres nés de vierges.

Les anciens livres chinois nous apprennent, que généralement tous les anciens fils du Ciel, dans les temps héroïques, sont nés d'une *Vierge !*

C'est même à cause de cela que le *Choue-ven* (1) expliquant le caractère *Ling*, qui est formé de *Niu*, *vierge* et de *Seng*, *enfanter ou naître d'une vierge* s'exprime ainsi : « Les anciens saints et les hommes divins étaient appelés les *Fils du ciel*, parce que leurs mères les avaient conçus par la puissance du *Tien* (ciel) et c'est à cause de cela, que ce caractère est composé de deux mots, dont l'un signifie *Vierge* et l'autre *enfanter*.

Un philosophe chinois qui vivait vers le temps de Confu-tsé (551 av. J. C.) nous dit aussi que les *Anciens* ou *Saints*, n'ont pas de père, parce qu'ils

---

(1) DICTIONNAIRE dans lequel sont expliqués 550 caractères chinois et leurs dérivés !

naissent par l'opération de *Tien* (ciel) Lopi (1) prétend « qu'il n'y a personne qui ne convienne que les Anciens rois *Heou-tsi* et *Sie* ont été conçus sans père ».

« Heou-tsi et Sie, dit *Tchu-hi* (2), ne sont point nés selon la voie ordinaire, mais ils ont été produits miraculeusement : c'est pourquoi il ne faut pas parler d'eux d'après les notions vulgaires. »

De son côté Son-Tong-Po dit : que l'homme divin naît d'une manière toute différente des autres hommes, il n'y a là rien qui doive nous étonner.

Les lignes qui précèdent sont confirmées par ces paroles des interprètes du Si-Kiang : « Comme il est né sans semence humaine, il est évident qu'il a été produit par le ciel. »

On pourrait écrire un gros volume sur les naissances dites *Saintes* des grands hommes et des empereurs de la Chine, qui sont nés, dit-on, *par miracle !...* (sans semence).

Voici quelques noms : La mère de *Fou-hi* le conçut en marchant sur la trace des pas d'un géant.

Chinong fut conçu par l'entremise d'un Esprit qui apparut à sa mère.

---

(1) Lopi vivait sous les Song, vers l'an 1170 de notre ère.
(2) Historien et philosophe qui est mort vers l'an 1170 de notre ère.

La mère de *Hang-ti* conçut par la lueur d'un éclair et d'une lumière céleste dont elle fut environnée.

La mère de *Yao* par la clarté d'une étoile qui jaillit sur elle pendant un songe.

La mère de *Yu* par la vertu d'une perle qui tomba des nues dans son sein et qu'elle absorba... etc., etc., car presque tous les chefs des dynasties chinoises sont nés d'une vierge d'une façon miraculeuse.

Mais les Chinois ne sont pas seuls à avoir affirmé le fait qui précède.

Chez tous les peuples, on pourrait mentionner de même des héros, des grands personnages ou dignitaires dont l'origine était *divine* puisque cachée, puisqu'on ne leur connaissait pas de père, ou que celui-ci était censé Dieu !

Plutarque admet (1) « que le *souffle* de Dieu peut à lui seul rendre une femme féconde. »

Dans un autre de ses ouvrages (2) le même auteur nous dit que « les Egyptiens pensent qu'il n'est pas impossible que l'esprit de Dieu puisse s'approcher d'une femme et que par sa vertu

---

(1) *De Iside et Osiride*, p. 92 de l'édit. in-fol. 1624.
(2) Vie de Numa, tr. fr. page 316.

(puissance) il ne fasse germer en elle, ses principes de génération. »

En Grèce, nous voyons naître de vierges : Orion, Neptune, Mercure, Erichthon, Vulcain, Mars et autres personnages.

Platon naît de Périctone encore vierge ; Homère naquit d'Orithéïs qui, malgré cela, resta vierge.

Speusippe fils de Cléarque, sœur de Platon, dans l'éloge qu'il fait de son oncle et Anaxilide dans le second livre de sa *Philosophie*, affirment que Périctone, mère de Platon, avait reçu les caresses d'une entité astrale, qui n'était rien moins qu'Apollon même. Ce Dieu jugeait indigne de donner au philosophe une autre mère qu'une vierge.

Timée nous apprend que la fille de Pythagore avait désiré rester vierge pour présider à la danse des jeunes vierges et leur enseigner également les règles pour pratiquer la chasteté.

Devant de nombreux faits qui démontrent la naissance de personnages illustres de vierges sans aucun rapport avec des hommes (Alexandre-le-Grand par exemple est né ainsi) il n'est pas permis de ne pas se rappeler le texte de saint Luc (1) :

(1) Ch. I. V. 37.

Spiritus sanctus superveniet in te et virtus altissimi obumbravit tibi ?

Ce qui précède a été admirablement exprimé sous une autre forme par un théosophe anglais, M. Leadbeater (1) : « Et fut incarné (le Christ) du Saint-Esprit et de la Vierge Marie, c'est-à-dire l'essence monadique étant déjà descendue des cieux, se matérialisa en prenant un vêtement de matière visible et tangible déjà préparée à la recevoir, par l'action du troisième Logos sur ce qui, sans lui, serait resté une nature vierge ou improductive.

« Le nom de vierge a été fréquemment appliqué à la matière atomique des différents plans, parce que dans cette condition, elle ne peut, par son propre mouvement, entrer dans aucune espèce de combinaison, et rester ce qu'elle était, inerte et improductive. Mais elle n'est pas plutôt électrisée par la projection de l'énergie du Saint-Esprit qu'elle entre en activité, se combine en molécules, et génère rapidement la matière des sous-plans inférieurs. C'est de cette matière vivifiée par cette première projection que sont composées les innombrables formes qui sont animées par l'essence monadique.

---

(1) *In. Revue Théosophique Française*, page 68, année 1899.

Le second Logos prend une forme non seulement de la matière « Vierge », mais aussi de la matière qui est déjà vivante et palpite de la vie du troisième Logos, de sorte que la vie et la matière l'entourent comme un vêtement et en toute vérité « il est incarné du Saint-Esprit et de la Vierge Marie. »

« Ici encore la tendance à tout matérialiser a donné naissance à une idée toute différente par une altération du texte presque insignifiante, grâce à l'insertion d'une simple lettre, car dans la forme primitive le nom n'est pas *Maria* mais *Maia,* qui signifie simplement mère. »

Voilà, selon nous, une explication peu banale de ces Vierges-mères qui figurent, comme nous l'avons dit, dans la mythologie des diverses religions qui ont couvert et couvrent encore aujourd'hui la surface de la terre.

CHAPITRE XIX

LA KABBALAH AU MOYEN AGE

Au moyen âge, on écrivait *Kabbalah ; Cabale, Cabbale, Kabbale.*

A cette époque et même pendant les premiers siècles de l'ère vulgaire, on nommait Kabbalah, l'art de commercer avec les esprits élémentaires ou avec les Désincarnés (le spiritisme moderne) et l'art de se rendre semblable à eux, par la contemplation, par une sorte d'auto-suggestion.

C'est là amoindrir déjà le rôle de la Kabbalah, et cependant au moyen âge et surtout un peu après, à la fin du quatorzième et au commencement du quinzième siècle, il existe un genre de Kabbalah d'un ordre encore moins élevé. Elle consistait à créer des Pantacles, renfermant des mots mystérieux, qu'on devait porter sur soi. Ces mots avaient une foule de vertus et entre autres, la propriété de chasser les démons ou de rendre invulnérable celui qui les portait sur sa chair (1). Parmi les formules kabbalistiques puissantes, on révère surtout le mot *Agla*, que l'on retrouve très souvent dans les formules conjuratoires qu'on peut lire dans l'Enchyridion du pape Léon X. Ce mot puissant entre tous, prononcé en se tournant vers l'Orient, fait retrouver les objets perdus. — Un autre terme kabbalistique très puissant est *Abracadabra* (2), mais un mot plus employé encore c'est *Abraxas* au sujet duquel les linguistes

(1) D'après Pierre Mora (a) philosophe kabbaliste : « Les Pentacles sont ordinairement enchargées d'un double rond, des mystérieux noms de Dieu tirés d'un passage des saintes Ecritures, qui a du rapport avec ce que vous désirez obtenir par le moyen de cette pentacle. Exemple : si votre intention dans une entreprise mystérieuse est sur les richesses et sur les honneurs, vous mettrez dans le double cercle de la pentacle : *Gloria et divitiæ in domo ejus*, et dans le centre ou vuid du rond, vous graverez avec ordre et symétrie les caractères des planettes, sous les auspices desquelles vous formerez cette pentacle.

(a) *Zekerboni*, contenant un grand nombre de figures, caractères, talismans, etc. MS. de la Bibliothèque de l'Arsenal. Sc. et A. n. 73, in-4°, p. 25 et suiv.

(2) Dans son *Démostérion* (a), Roch Le Baillif rapporte que : « Serenus Samonicus, entre les préceptes de la médecine, dict qu'en escrivant ce nom ABRACADABRA, diminuant lettre après lettre par ordre rétrograde depuis la dernière jusqu'à la première, et porté au col, estre remède aux maladies, et qu'elles

ont cherché de très nombreuses explications. Certains d'entre eux l'ont fait dériver du Persan ou du Pehlvi et prétendent qu'il signifie *Mithra*, d'autres du Copte, ancien égyptien, enfin divers linguistes n'y voient qu'un signe numérique, dont les lettres additionnées fourniraient, comme nous l'avons vu précédemment le nombre 365, c'est-à-dire le nombre de jours dont se compose l'année et dans ce cas, *Abraxas* symboliserait la révolution annuelle du soleil.

De toutes ces versions, on ne sait guère à laquelle ajouter foi, malgré les savantes dissertations d'illustres antiquaires, tels que Chiffet, Montfaucon, du Moulinet, Jean l'Heureux, de Caylus et d'autres encore ; mais ce qu'on peut affirmer de certain au sujet des Abraxas, c'est que chez les Gnostiques, on les utilisait comme talismans.

Beaucoup d'Abraxas montrent, gravés sur leur

déclinantes par peu se guérissent ; » mais on l'écrivait aussi en pyramide :
Voici le terme à rebours.

ARBADACARBA

(a) *Le Démostérion*, de Roch le Baillif, Edelphe, médecin spagirique : auquel sont contenus 300 aphorismes, sommaire véritable de la médecine paracelsique. Rennes, Pierre le Best, 1578.

face, des figures kabbalistiques, des caractères mystiques, des chiffres et des lettres grecques, etc.

Basilidès désigne sous ce terme l'Être Suprême.

Nous n'insisterons pas ici sur ce sujet, mais nous renverrons ceux de nos lecteurs qui désireraient sur ce terme de plus amples détails, au Dictionnaire général de l'Archéologie et des Antiquités chez les divers peuples (1).

LES INTELLIGENCES CÉLESTES
ET LES ESPRITS ÉLÉMENTAIRES

La Haute Kabbalah fait consister un de ses plus grands mystères dans les dix attributs de Dieu qui sont : Couronne, Sagesse, Intelligence, Clémence, Justice, Ornement, Triomphe, Louange, Base, Règne.

Ce sont les Séphiroth, nous en disons quelques mots dans le chapitre suivant qui traite de *la science des Nombres*.

La Kabbalah reconnaît soixante-et-douze anges, Reuchlin nous a conservé leurs noms, ainsi que les prières mystérieuses qu'elle a adoptées.

---

(1) 1 vol. in-8 de VIII-576 pages, illustré de 450 grav. intarcal. dans le texte. Paris, Librairies et Imprimeries réunies, 5, rue Saint-Benoît, Paris.

Suivant le grand Agrippa, il y a trois sortes d'intelligences avec lesquelles le kabbaliste peut se mettre en rapport plus ou moins direct. Les premières intelligences reçoivent directement la lumière du ciel, les secondes intelligences conduisent les sphères célestes, quant aux troisièmes, elles ont souci du sort des humains ; c'est même pour cela que l'homme a le pouvoir de gagner les bons esprits et d'enrayer les mauvais. C'est cette faculté, cette puissance de l'homme qui lui permet de faire de la nécromancie (ou spiritisme) ; mais c'est là une grande pierre d'achoppement, quand l'homme n'est pas essentiellement pur et guidé par de bons esprits, protégé de bonnes influences comme nous le verrons ultérieurement.

On voit, par ce que nous avons dit précédemment, combien la doctrine kabbalistique du moyen-âge, qui se fonde exclusivement, pour ainsi dire, sur le commerce des hommes avec les esprits élémentaires est moins élevée; c'est pourquoi elle est rejetée avec un profond mépris par les Adeptes véritables de la haute Kabbalah. On peut même dire que la Kabbalah du moyen âge est le résultat d'une doctrine poétique formulée par les fables de l'Antiquité; ce n'est pas là, on le voit fort bien, la haute kabbalah des grands peuples de l'Orient qui ont puisé l'origine de leur science chez les Hindous.

Quoi qu'il en soit, les esprits élémentaires n'appartiennent qu'au troisième ordre des intelligences révérées par la haute kabbalah, ce sont les élémentals ou *Elémentins* de la kabbalah moderne, c'est-à-dire, pas même des élémentaires ; élémentals qui sont de quatre ordres différents : les *Sylphes* qui président à l'air, les *Salamandres* au feu, les *Ondins* à l'eau, et les *Gnômes* à la terre. Ces *élémentals* sont inférieurs aux élémentaires et partant aux hommes, parce que leur âme est mortelle. Ces élémentals, intelligences invisibles, sont des deux sexes.

Les Sylphes et les Sylphides, les Ondins et les Ondines, les Salamandres et les Gnômes, ces derniers bien que n'ayant pas de désinences féminines dans notre langue, sont cependant mâles et femelles.

Pour conquérir l'immortalité à leur âme, les Sylphes et les Sylphides, les Ondins et les Ondines n'ont qu'un moyen, mais qui leur est assez facile, c'est de s'allier avec les hommes ou les femmes dans l'astral ; ils acquièrent ainsi l'immortalité pour leur âme ; c'est ce qui fait que la sorcellerie moderne a désigné ces êtres sous le nom d'*Incubes* et de *Succubes*.

Les *Fées* semblent par leurs habitudes se rattacher aux esprits élémentaires de la Kabbalah orientale. — On leur attribue, en général, les mêmes habitudes qu'à ceux-ci, et quelquefois, on les range à tort parmi les sylphides. Leur nom dérive du latin *Fatum*, Destin, Destinée.

D'après Walter-Scott, leur nom serait dérivé du terme *Elf*, sous lequel on désigne des êtres mystérieux.

Quelques auteurs font dériver ce même mot du persan *Péri*, d'où l'on aurait fait *Féri*, puis *Fée*.

On retrouve l'existence des fées chez presque tous les peuples, principalement chez les nations de la race Germanique et Celtique chez lesquelles les fées avaient pour principale mission de veiller à la destinée des hommes.

Les traditions Druidiques montrent les fées habitant les cavernes des Gaules, et dansant le soir au clair de la lune, dans les prairies ou dans les bruyères ; puis interrompant leurs danses pour enfourcher un griffon aux ailes rapides ou monter dans un char de feu qui les transportait au loin, à travers l'immensité des airs, pour porter aide et secours à quelque malheureux.

Dans un grand nombre d'ouvrages d'Archéologie, on peut voir de nombreux monuments druidiques, qui attestent la croyance des peuples aux Fées.

La grotte des fées du département d'Indre-et-Loire, celle située près de Felletin, dans la Creuse. La motte aux fées de Maine-et-Loire ; la Tour aux fées du bois de Marshain, au Mans ; la roche d'Essé, celle de la Forêt de Fontainebleau et toutes celles de la Bretagne constituent les monuments les plus connus de la France, mais il en existe beaucoup d'autres dans les pays de l'Europe.

On peut voir les représentations figurées de la plupart des monuments que nous venons de mentionner dans la dernière édition de notre Dictionnaire d'architecture (1).

Depuis le xve siècle, la croyance au pouvoir des fées a singulièrement diminué.

Enfin, parmi les fées, nous devons une mention toute spéciale aux *Dames Blanches*, si célèbres en Ecosse et en Allemagne et qui tiennent à la fois de la fée et de la sylphide, puisque les Démonographes les rangent dans ces deux classes d'esprits.

Erasme rapporte qu'une Dame Blanche apparaît

---

(1) 4 vol. in-18 jésus illustré de 4.000 vignettes, 60 pl. en noir et 40 en couleurs. — Dernière Edition, Librairies et Imprimeries réunies, 5, rue Saint-Benoît, Paris, 1900.

en Allemagne et en Bohême, le jour où quelques-uns des souverains de ce pays sont prêts à mourir. — C'est la Dame Blanche qui a donné lieu à la personnalité de la *Nonne Sanglante*.

La famille des Hohenzollern a aussi sa *Dame Blanche*.

L'apparition de cette Dame Blanche est un fait aujourd'hui incontesté, nous pourrions dire presque historique.

La double apparition de la « Dame Blanche » (comtesse Orlamunde) au prince Louis-Ferdinand de Prusse, la veille et le jour même de sa mort tragique sur le champ de bataille de Saalfeld (1806) eut pour témoin le comte Grégoire Nortiz qui, prussien d'origine, passa en 1813 au service de la Russie et mourut, en 1838, aide-de-camp du Tsar Nicolas.

Le fils du comte Grégoire fut, en 1869, envoyé en mission auprès du roi Guillaume de Prusse. Ce fut pendant son séjour à la Cour de Berlin que, sur les instances de Frédéric, alors prince impérial, il communiqua à celui-ci le texte français du récit que son père avait consigné par écrit quelques heures après avoir vu le fait lui-même.

Depuis l'été de 1870, ce document est conservé dans les archives de la Maison des Hohenzollern.

Voici ce qu'on y lit (1) :

« En 1806, le comte Grégoire Nortitz était encore officier prussien et attaché en cette qualité à la personne du Prince Louis-Ferdinand de Prusse, un jeune et brillant général du corps d'armée commandé par le Prince de Hohenlohe. A la veille de la bataille de Saalfeld, si funeste aux armées prussiennes, le Prince se trouvait avec les officiers de son état-major au château du duc de Schwarzbourg-Rudolstadt. A la nuit, on s'était réuni dans une des salles du château. Le Prince Louis-Ferdinand exultait de joie, à l'idée de la première rencontre sérieuse avec les troupes françaises de Napoléon, qui se préparait pour le lendemain.

« Sur le coup de minuit, s'adressant au Comte Nortitz, il lui dit :

« Je me sens tout heureux aujourd'hui. Notre
« navire est enfin en pleine mer ; nous avons vent
« en poupe et nous sommes à nos places. »

« Il n'avait pas encore achevé sa phrase que le Comte Nortitz vit, avec une surprise indicible, changer l'expression de son beau visage. Levé d'un bond, le Prince se frotta les yeux, saisit un des

(1) Ce qui suit est tiré des *Archives Russes* (livraison de Juin 1893).

flambeaux qui éclairaient la table et s'élança dans le couloir qui conduisait à la salle de la veillée militaire.

« Le Comte Nortitz courut après lui et le vit poursuivre, dans l'obscurité du couloir, une figure vêtue de blanc, qui disparut subitement, quand elle fut arrivée au mur sans issue auquel aboutissait couloir.

« En attendant des pas derrière lui, le Prince se tourna et dit au comte :

« — Tu as vu, Nortitz ?

« — Oui, Notre Altesse, j'ai vu.

« — Alors ce n'est pas un rêve, un accès de délire ! » s'écria Louis-Ferdinand.

« Toutes les recherches d'une porte secrète à travers laquelle la figure blanche aurait pu s'échapper furent vaines et cependant il y avait eu encore un troisième témoin du passage du spectre par le couloir. Le planton placé à la porte, questionné par le Comte, déclara avoir laissé passer un individu, couvert d'un manteau blanc, qu'il avait pris, à cet indice, pour un officier de cavalerie saxonne. Or, le couloir n'avait que deux issues : la porte gardée par la sentinelle et la porte donnant accès dans la salle où se trouvaient le prince et ses officiers.

« Très impressionné, Louis-Ferdinand ne cacha pas au Comte Nortitz qu'il considérait cette apparition comme de mauvais augure, le spectre de la Dame blanche apparaissant, selon la légende, aux membres de la famille de Hohenzollern, la veille de leur mort violente.

« Le lendemain eut lieu la bataille de Saalfeld.

« Au fort de la déroute des troupes allemandes, le Prince Louis-Ferdinand et le Comte Nortitz aperçurent une seconde fois, sur un promontoire, voisin de l'endroit où ils se trouvaient, une femme vêtue de blanc qui pleurait et se tordait les mains. Le Comte s'élança de tout le galop de son cheval vers ce promontoire, mais, quand il arriva, la femme en blanc avait disparu. Des soldats prussiens postés tout près l'avaient vue aussi mais ignoraient complètement ce qu'elle était devenue.

« Quelques moments après, le Prince Louis-Ferdinand fut blessé mortellement dans une charge furieuse de la cavalerie française. Le Comte essaya de l'emporter du champ de bataille, mais blessé lui-même et ayant perdu connaissance, il n'apprit que plus tard que son général avait été achevé par un hussard alsacien de l'armée française. »

Ajoutons à ce qui précède que, d'après *Les Archives Russes*, le Comte Grégoire ne parla de son vivant de cette apparition qu'à son fils et cela, sous le sceau du secret le plus absolu.

En Bretagne, on nomme les Dames blanches *Lavandières*, *Chanteuses de nuit*, etc. Et malheur à ceux qui ne leur donnent pas assistance, quand elles le demandent, pour tordre leur linge, il paraît qu'elles leur cassent les bras sans pitié.

En France, les fées les plus célèbres sont : *Mourgue*, la sœur du vieux roi Arthur ; *Mélusine*, l'épouse de Guy de Lusignan, qui poussa des cris effroyables et désespérés, quand elle fut obligée d'abandonner pour toujours son époux ; *Urgunde*, etc. — Selon la tradition Germanique la reine des fées serait *Titania*.

Les Saxons possèdent des fées en grand nombre ; les plus célèbres sont : les Dun-Elfen, esprits ou fées des Dunes ; les Berg-Elfen, esprits des Collines ; les Feld-Elfen, esprits des Champs ; les Munts-Elfen, esprits des Montagnes : Wudu-Elfen, esprits des Bois ; les Water-Elfen, esprits des Eaux ou de la Mer, etc., etc.

Parmi les esprits élémentaires, nous devons signaler les *Masikim* ou mauvais esprits, qui font irruption dans le corps de l'homme une fois que l'âme (*Ruach*) en est partie. L'homme paraît bien mort, il n'en est rien cependant, car *Nephesch*, qui est l'âme de la vie élémentaire et matérielle, habite encore en lui, et n'est chassée que par les *Masikim*, nous l'avons vu ci-dessus, ce n'est qu'alors qu'il abandonne le corps de l'homme ; alors seulement, que survient la mort.

Dans le Nord de l'Europe, on nomme *Duergar* des sortes de *Gnômes*, qui sont très utiles aux hommes et leur rendent les mêmes services que les *Daoinchie* ou hommes de paix d'Ecosse ; mais à côté de ces bons esprits, il y a également de mauvais *esprits* qui habitent de préférence des sortes de collines de forme conique, dénommées *Sighan*. Ces mauvais esprits correspondent aux *Gauric* des Bas-Bretons.

En Ecosse, où les fées sont nommées Fairies ou Fairfolk's, il y a également des esprits dénommés *Garçons de Fée*, qui sont des êtres mixtes entre le lutin et le mortel [1].

Dans beaucoup de pays, on considère l'esprit ou *Génie de la Montagne* comme un être mystérieux très puissant ; c'est lui qui exciterait les tempêtes au sommet des montagnes, qui ferait

---

[1] En Irlande, on nomme *Bonnes gens* et *Bonnes voisines* des fées d'une nature analogue à celle des Ecossais.

rouler des rochers et des avalanches, et il gourmande parfois et menace ceux qui osent chasser les chamois.

Il existe aussi les *Génies des Mines.* Bien des montagnards Suisses ont des *Servants*, c'est-à-dire des esprits élémentaires qui vivent dans des châlets solitaires, qui gardent le bétail sans se montrer et qui parfois cultivent les jardins. Ces élémentaires exigent qu'on leur fasse des libations, ou bien ils s'irritent, démolissent tout dans les étables, que quelques jours auparavant, ils soignaient avec zèle et ardeur. — Un jour, nous avons vu un berger jeter sous la table une cuiller de lait, et, comme nous lui demandions pour quel motif il agissait ainsi, il nous dit que c'était pour obéir à une ancienne coutume, pour donner à boire aux follets.

On a découvert en Suisse, près Lausanne, une inscription attestant qu'on révérait autrefois dans les campagnes les Suèlves, qui n'étaient rien autre que les mêmes espèces de Sylphes que les Germains dénommaient *Sylvains.*

Du reste, suivant les pays et même les localités, les noms varient, les Djins de la Perse sont nos lutins d'Occident ; les *Dracæ* ou *Draks* sont des espèces de fées ondines qui habitent parfois dans les grottes et les cavernes ou spélunques des montagnes, c'étaient probablement les dragons du moyen-âge, comme peut le faire supposer l'assonnance du mot.

Les fées orientales se nomment *Péris* ; celles-ci rappellent à l'imagination tout ce qu'il y a de plus gracieux dans les féeries. Les *Dives* sont des fées malfaisantes, elles n'attirent et ne charment les mortels que pour les tromper.

Les *Goules* sont des monstres cruels et sanguinaires qui, à la manière des vampires, sucent le sang des hommes et même des cadavres frais.

Un grand nombre de chroniques du moyen-âge sont remplies d'unions mystérieuses des élémentals avec la race humaine, unions le plus souvent interrompues par l'inconstance de l'homme et de la femme, à l'égard de ces êtres de l'astral.

Il y a, à cette inconstance humaine, une raison majeure : c'est que les fatigues de l'astral sont beaucoup plus considérables pour l'espèce humaine que pour les élémentals ; nous n'insisterons pas pour le moment sur ce sujet, et nous étudierons la science des nombres en ce qu'elle se relie à la Kabbalah.

CHAPITRE XX

LA SCIENCE DES NOMBRES

Nous venons de voir que certains mots *Abraxas*, *Abracadabra*, *Agla* et autres, jouaient dans la Kabbalah un grand rôle, nous y reviendrons ici pour aborder l'étude des nombres. Ainsi un mot qui joue un important rôle dans la magie orientale, c'est celui de *Bedouh*. On prétend qu'il était gravé sur l'anneau de Salomon. — Or, ce nom provient de source absolument kabbalistique, nous allons le démontrer.

Un peu plus loin, nous parlons des *carrés magiques* auxquels les Orientaux attachent de grandes vertus. Ils traduisent souvent chacun des chiffres qui composent les carrés, dans la lettre de l'alphabet arabe, qui en exprime la valeur, en nombre. Ainsi le carré qui fournit le nombre 15 dans quel-

que sens qu'on le calcule, même en diagonale, et
que voici :

492
357
816

ce carré traduit donne :   D T B
G H Z
H A V

or, en lisant les lettres à la manière orientale,
c'est-à-dire de droite à gauche et en tenant seulement compte des lettres des quatre angles on a :
B. D. V. H., or, le V ou l'U était une seule et
même lettre et se prononçant OU, on obtient le
mot : Bedouh.

On voit donc que ce terme est l'équivalent du
carré magique qui donne en totaux le nombre 15 ;
nous ferons remarquer en outre, que la valeur
numérale des quatre lettres qui composent le
mot : *Bedouh* est 2468 ; soit la proportion arithmétique 2 : 4 : : 6 : 8, dont l'exposant est toujours 2.

Quelques auteurs prétendent que ce terme de
Bedouh est également un des noms de la Divinité.

Les savants qui ont sondé la Kabbalah dans ses
profondeurs, n'ajoutent aucune foi à ces sortes de
formules talasmaniques, qui, du reste, sont parvenues jusqu'à nous, sous une forme certainement

altérée, et dont l'origine même toute religieuse est entourée de mystères.

La science des nombres fut propagée par Pythagore et par ses élèves. Le philosophe grec l'avait apprise des prêtres égyptiens. D'après lui, « l'essence divine étant accessible aux sens, employons, pour la caractériser, disait-il, non le langage des sens, mais celui de l'esprit ; donnons à l'intelligence ou au principe *actif* de l'Univers le nom de monade ou d'unité, parce qu'il est toujours le même ; à la matière ou au principe *passif* celui de dyade ou multiplicité, parce qu'il est sujet à toute sorte de changements ; au monde, enfin, celui de triade, parce qu'il est le résultat de l'intelligence et de la matière.

Du reste, le sens des leçons de Pythagore sur les Nombres est que ceux-ci contiennent les éléments de toutes les sciences. Pythagore appliquait la science des Nombres au monde invisible.

Agrippa, Saint-Martin, le *Philosophe inconnu*, surtout ce dernier, ont étudié les nombres d'une manière toute spéciale.

Nous ne pouvons dans une aussi courte étude que celle-ci, donner une idée de la méthode des nombres de Saint-Martin, il y faudrait consacrer plus d'étendue que nous n'en disposons ici.

Les grands hermétistes étaient plus ou moins Kabbalistes, nous en donnerons une preuve en mentionnant ici un passage de Planis Campi, passage dans lequel il nous parle de la science des *Nombres* qu'il devait, paraît-il, traiter dans un livre spécial, sous le titre de *Traité d'Harmonie*, malheureusement, nous ne connaissons pas ce traité ; nous sommes même à peu près certain que si Planis Campi l'a écrit, il n'a jamais été imprimé.

Mais arrivons au passage auquel nous venons de faire allusion ; ce passage servira à prouver que notre Hermétiste connaissait la Kabbalah, et devait bien écrire également un Traité d'Harmonie. Voici ce qu'il a écrit page 999 de son *Bouquet chimique*, fleur onzième, édition de 1629 (1).

---

(1) BOUQUET COMPOSÉ DES PLUS BELLES FLEURS CHIMIQUES, ou *Agencements des préparations et expériences ès plus rares secrets et médicaments Pharmaco-chimiques* ; prins des minéraux, animaux et végétaux. — Le tout par une méthode très facile et non commune aux chimiques ordinaires par David de Planis Campy dit l'Edelphe, chirurgien du Roy, in-8°, Paris, chez Pierre Billaine, rue J. Jacques, à la Bonne foy. M. D. C. XXIX, avec privilège du Roy. Cette édition antérieure à celle des œuvres complètes contient le même portrait de Planis Campy, gravé et dessiné par Mosne, lequel portrait est généralement beaucoup plus beau dans cette édition, car il est de l'époque du premier tirage.

« Quelques-uns usurpent particulièrement a. e. i. o. u. pour 1, 2, 3, 4, 5, et escrivent avec ces cinq lettres seulement. On peut faire valoir les lettres tant qu'on voudra (1) pourvu que ceux à qui on escrit sachent le secret. Notez que les cinq voyelles a. e. i. o. u. et les deux dicelles qui servent de consonnes, sçavoir, i, u (pour j. et v.) peuvent estre accommodées aux 7 planettes, aux 7 jours de la semaine, aux âges et aux 7 opérations de la science (hermétique) ; sçavoir : à la calcination, putréfaction, dissolution, distillation, coagulation, sublimation et fixation. Les douze consonnes b. c. d. f. g. h. m. n. p. r. s. t. aux douze mois, aux douze signes (du zodiaque), ensemble aux douze régimes de l'art, ainsi que nous avons dit ci-dessus. Et k. q. x. z. aux quatre éléments, aux quatre saisons de l'année, aux quatre vents et aux quatre humeurs du corps. Finalement h. qui est une aspiration, à l'esprit du monde. On verra l'entière explication de tout cecy (et de beaucoup d'autres choses non méprisables) en mon Traité d'Harmonie Macro-microsmique, aydant Dieu.

On peut aussi escrire à l'envers à la manière des Hébreux et ce, en cette façon ;

---

(1) Ce qui veut dire : on peut donner à n'importe quelle lettre une valeur conventionnelle quelconque.

Exemple.

La vraye préparation du mercure se peut faire ainsy :

Prenez du mercure cinabrisé ou sublimé meslé avec deux parties de Tartre bruslé, ou de chaux vive, distillez avec un retorte de verre à fort feu ou bien en reverbère clos.

Ce que tournant à l'envers sera ainsi :

al eyarv noitaraperp ud erucrem, es tuep eriaf ysria, etc.

Nous ne poursuivrons pas la traduction de la formule, ce qui précède suffira à en faire comprendre le mécanisme en question, puis l'auteur ajoute :

« On pourra encore écrire au rebours comme ci-dessus, mais d'une façon plus difficile à entendre (à comprendre) si ce n'est qu'on en eut l'intelligence auparavant. » Et l'auteur fournit un exemple ; puis il ajoute : « Ceci suffira pour l'intelligence de nomination (numération) caractères et écritures, action en attendant le traité promis de l'Harmonie, où on en verra d'une infinité de façons et de diverses significations et d'une admirable structure par lesquelles on viendra à la connaissance des choses hautes, et quasi par un autre moyen incompréhensible. Car encore bien que Dieu ait doné tous les hommes d'un entendement et raison de même faculté et vertu selon Hermès (car il s'en trouve quelque diminution aux uns plus tôt qu'aux autres cela ne vient, outre le vice accidentel, que de leur paresse, vantardise et nonchalance) afin de leur servir des universels ; il a néanmoins tellement diversifié la façon de produire au jour leurs pensées, soit en paroles, langage et écritures, qu'en toute la terre habitable, par aventure ne s'en trouvera pas trois avoir dessein, intention et conception et notamment en ce de quoi nous avons traité ci-dessus.

La science des Nombres, qui paraît aujourd'hui presque complètement perdue, sauf pour quelques adeptes de l'Alchimie, cette science, disons-nous, formait dans l'Antiquité une sorte de langage universel, mystérieux que pouvaient seuls comprendre les *Initiés*.

Après le langage symbolique, c'est-à-dire après la plus ancienne langue, c'est certainement la *Science des Nombres*, qui a servi aux Disciples de l'Esotérisme à échanger entre eux des relations, chez tous les peuples de l'Antiquité.

Le symbolisme, du reste, est encore le seul langage que les grands voyants lisent en astral pour expliquer le passé et l'avenir. Sur notre terre même, le Symbole a précédé non seulement les langues écrites, mais même le langage humain.

Par suite de son langage allégorique, la Science des Nombres ne disait rien de ce qu'elle avait l'air de dire, elle était donc aussi symbolique ; car elle n'exprimait que des idées toutes différentes de celles attachées à la valeur des chiffres représentés. Or, cette langue des nombres tout à fait inintelligible pour le vulgaire était comprise comme langue symbolique par tous les savants du monde, quelle que fût la langue parlée par ceux-ci. Cette langue, en un mot, était comprise en dehors de toutes les langues, comme sont aujourd'hui comprises nos propositions mathématiques. C'était, on le voit, la langue Universelle si cherchée de nos jours ! c'est de cette magnifique langue que Pythagore a pu dire que « l'arithmétique était la plus belle des connaissances et que celui qui la posséderait parfaitement aurait le souverain bien. »

Dans cette science, chaque nombre ayant un sens autre que sa valeur numérique a, par cela même, une signification particulière qui lui donne tout à la fois des valeurs arithmétiques physiques, théologiques et morales comme le dit fort bien l'abbé Barthélemy (1) : « Le temps, la vertu, la justice,

___

(1) *Voyage du jeune Anarchasis en Grèce*, XXII.

l'amitié, l'intelligence exprimés par des valeurs conventionnelles étaient considérés comme les rapports des nombres. »

Dans cette science, le nombre lui-même est quafié de *Glorieux et père des Dieux et des hommes* (1); chaque chiffre est considéré comme ayant une valeur intellectuelle et une valeur scientifique. Le nombre intellectuel subsistant, nous dit Pythagore, avant toute chose dans l'entendement divin, était la base de l'ordre universel et le bien qui enchaîne les choses.

Le même philosophe définit le *nombre scientifique*, la cause générale de la multiplicité, procédant de l'*Unité* et venant s'y résoudre ; ainsi toujours le principe de l'Unité théogonistique au point de départ.

Platon qui voyait dans la musique autre chose que les musiciens de nos jours, reconnaissait dans *les Nombres* un sens que nos algébristes n'y voient plus. Il avait appris ce sens, d'après Pythagore, qui le tenait lui-même des Egyptiens ou même des Celtes de la Gaule, car les Egyptiens même à cette époque, n'étaient pas les seuls à accorder aux Nombres une signification mystérieuse. Il suffit

---

(1) Proclus, *in Timæo*.

d'ouvrir un livre antique, nous dit Fabre d'Olivet (1), pour voir que, depuis les limites orientales de l'Asie jusqu'aux bornes occidentales de l'Europe, une seule et même idée régnait à ce sujet.

La théorie de la science des nombres était basée sur celle de la musique, comme les Ordres d'Architecture eux-mêmes, d'où les termes de *Nombres Harmoniques*, sous lesquels cette science était connue dans l'Antiquité; ajoutons que les mêmes formules musicales exprimaient également le système des sons et celui de l'Univers. L'intervalle des intonations était rapportée à la distance séparant les astres entre eux, de même que les mouvements des astres étaient rapportés à leur tour aux lois de la musique. Les musiciens de l'Antiquité avaient remarqué que dans une fine cordelette bien tendue, une division par le quart, par le tiers, par la moitié de sa longueur, donnait constamment la quarte, la quinte, l'octave; ils avaient reconnu aussi par suite que la quarte était comme 2 est à 3 et l'octave comme 1 est à 2; et de cette observation, ils avaient donné le nom de *Quarténaire sacré* aux nombres 1, 2, 3, 4.

D'après l'abbé Barthélemy (2) les anciens ayant

---

(1) *Grammaire Hébraïque Restituée*, 2 vol. in-4°.
(2) *Voyage du jeune Anacharsis*, ch. XXX.

reconnu que la loi fondamentale des sons se trouvait établie sur les lois immuables de la nature, ils en avaient sans doute déduit, suppose le savant, que la nature toujours constante dans sa marche évolutive devait être soumise aux mêmes lois dans l'organisation du système du monde.

Quoiqu'il en soit de cette supposition, qu'elle soit vraie ou fausse, il est très certain que c'est toujours sur ce principe qu'était fondé le système des proportions harmoniques, musicale et astronomiques. Voyant ensuite que le quaternaire sacré 1, 2, 3, 4, forment par addition le nombre 10, ils considèrent ce nombre comme le plus parfait et représentant Dieu ; aussi supposèrent-ils une dixième sphère, bien que l'œil n'en perçût que 9 dans le ciel et cela, afin de faire entrer ce chiffre 10 dans la composition de l'Univers. A cette sphère idéale, ils donnaient le nom d'*antichtoma* ou Terre opposée, c'est-à-dire aux terres de l'Hémisphère Boréal séparées par une bande de l'Océan qui entourait le globe comme d'une *Zona* ou Ceinture à l'Equateur.

Les anciens admettaient aussi que chacun des Nombres formant la décade avait ses qualités caractéristiques et un symbole propre.

Pour terminer cette sorte d'avant-propos sur

les *Nombres*, nous dirons que cette science fut propagée en Occident surtout par Pythagore et ses disciples. D'après ce philosophe « l'Essence Divine était accessible aux sens ; employons pour la caractériser non le langage des sens, avait-il coutume de dire, mais celui de l'esprit ; donnons à l'intelligence ou au principe de l'Univers le nom de *Monade* ou *Unité* parce qu'il est toujours le même ; à la matière ou au principe *passif*, celui de *Dyade* ou multiplicité, parce qu'il est sujet à toute sorte de changement ; au monde enfin, celui de *Triade*, parce qu'il est le résultat de l'intelligence et de la matière ».

Du reste le sens des leçons de Pythagore sur les *Nombres* est que ceux-ci contiennent les éléments de toutes les sciences ; c'est du reste ce qu'affirment encore aujourd'hui les Occultistes contemporains, comme on pourra en juger par l'article suivant que nous empruntons à un journal d'Occultisme : « Pour trouver certaines lois des nombres, il suffit de savoir additionner. C'est dans les séries que les lois des nombres sont visibles et par les séries on peut les découvrir.

Une série est une suite de nombres régulièrement différenciés.

« La suite régulière des nombres : 1, 2, 3, 4,

5, 6, 7, 8, 9, 10... est une série à raison de 1 commençant à 0. La suite des impairs : 1, 3, 5, 7, 9, 11... est une série à raison de 2 commençant à 1. La suite des pairs : 2, 4, 6, 8, 10, 12... est une série à raison de 2 commençant à 0. On peut ainsi établir des multitudes de séries et cela ne demande pas des études préalables.

« Les séries sont des faits et pour découvrir les lois qui les gouvernent, il faut observer les faits, par conséquent aligner soi-même les séries sous les yeux et les examiner...

« Il n'y a pas de faits plus faciles que la série des nombres. Il n'est pas nécessaire d'employer des appareils compliqués comme ceux de la physique ou de la chimie pour faire apparaître ces faits, et pourtant, on peut trouver en elles les lois de l'organisation du monde, lois qui une fois connues permettent la compréhension des faits dont s'occupent les autres sciences.

« Les équivalents de la chimie sont des nombres ; par conséquent, ils sont soumis aux lois des nombres et ces lois connues permettent de faire apparaître des faits chimiques, que le tâtonnement des expérimentateurs ne ferait apparaître peut-être qu'après des siècles de tentatives.

« Examinons la formation des nombres ; ils ont

pour éléments 2 = 1 + 1 et n'a qu'un mode de formation 3 = 2 + 1 et n'a aussi qu'un mode de formation particulière, en laissant de côté le mode général commun à tous les nombres qui est la répétition de l'unité.

$$5 = 2 + 3 \text{ ou } 4 + 1$$
$$4 = 2 + 2 \text{ ou } 3 + 1$$
$$6 = 3 + 3 \text{ ou } 5 + 1 \text{ ou } 4 + 2$$
$$7 = 3 + 4 \text{ ou } 6 + 1 \text{ ou } 5 + 2$$
$$8 = 4 + 4 \text{ ou } 7 + 1 \text{ ou } 5 + 3$$
$$9 = 4 + 2 \text{ ou } 8 + 1 \text{ ou } 7 + 2 \text{ ou } 6 + 3$$

Nous constatons donc deux modes de formation pour 4 et 5 ; trois pour 6 et 7 ; quatre modes pour 8 et 9.

« Si nous considérons l'oxygène ayant pour équivalent chimique 8, en nous appuyant sur cette loi de formation des nombres, nous pensons immédiatement qu'il y a 4 manières de produire l'oxygène et que ces 4 manières doivent se retrouver dans les phénomènes chimiques.

« La chimie ordinaire se contente de constater l'apparition de l'oxygène, sans s'occuper du mode de formation.

« On voit par là, que cette simple loi de la formation des nombres ouvre à la chimie un champ inexploré. Les lois des nombres nous donnent des yeux pour voir l'invisible.

« Les chimistes ne connaissent qu'une espèce de carbone, ce corps a trois modes de formation.

« Cette même loi indique qu'un corps à équivalent 14, comme l'azote, peut être le résultat de 7 + 7, 6 + 8, 5 + 9, 4 + 10, 3 + 11. 2 + 12, 1 + 13, et que s'il peut être dans un de ces nombres la somme de l'oxygène et du carbone, il peut aussi en résulter autre chose (1) ».

Les Nombres ont aussi joué un grand rôle dans le symbolisme.

Par exemple, le triangle représente la clef de toutes les figures rectilignes ; tandis que le tétrahédron formé par sa division naturelle en trois triangles fournit également la raison et la synthèse de l'échelle décimale.

Si nous cherchons le symbolisme du triangle parmi les Séphiroth, nous dirons que le triangle des *Supernales* se compose des 3 premiers nombres 1, 2, 3, dont le sommet est l'unité, ou en employant le langage de la kabbalah, nous dirons : *Kether*, la couronne, sommet du triangle ; *Chomah*, la Sagesse, et *Binah* l'intelligence base du

---

(1) LA CURIOSITÉ, N° 22 *Dixième année*, 2 fév. 1898, G. MORVAN (GUYMIOT).

triangle ; ce sont les deux plateaux de la balance, dont la synthèse est *Daath*, le savoir. Or le point de suspension ou équilibre de la Balance est en Kéther, c'est-à-dire dans la main du Souverain de l'*Absolu*, c'est-à-dire au-dessus de l'Univers.

L'ensemble de toutes les Séphiroth est *Adam Auilauh*, l'Adam céleste ou l'homme primordial.

Donc dans le système des Séphiroth la Séphira Kether est la cime, la couronne, l'Unité et dans l'échelle des *Nombres* c'est le premier de tout ; aussi l'Univers est-il représenté par un point au centre d'une circonférence et ce centre est tellement désiré que le cercle ou *zéro* cherche à le concentrer ; c'est son point d'appui dans l'infini.

L'Unité est indivisible et ne peut être augmentée par la multiplication, car $\frac{1}{1}$ ou 1 × 1 ne donne jamais qu'*un*. Aussi ce nombre symbolise parfaitement l'Immutabilité absolue. Vu cette invariabilité, on ne pourrait le nommer un nombre s'il ne pouvait être augmenté par l'addition ; mais 1 + 1 = 2 + 1 = 3 + 1 = 4 et ainsi de suite ; tandis que le zéro n'a même pas cette faculté d'addition ; aussi le zéro est incapable de définition ; tandis que l'Unité par sa réflexion en admet une définition ; elle peut par son double ou *Duplicata* former l'Εἴδολον ou Image de la chose définie.

Nous avons, dès lors, la dualité formée par l'Unité et sa réflexion. Nous avons en outre le commencement d'une vibration, qui devient la formule cachée de celle plus prononcée entre le 2 et le 3, qui par ses rebonds, comme dans le pendule, fournit le premier triangle isocèle ou équilatéral, selon la longueur du dit pendule.

L'unité est conçu dans le zéro comme dans une matrice, dans le silence de l'Infini !

Par ce qui précède, nous pouvons bien dire que l'Unité tend vers la nature hermaphroditique, car elle se trouve sollicitée à la fois par la virtualité et par le côté passif. Nous avons vu précédemment en effet que le nombre 1 symbolisant parfaitement l'immutabilité, possède une double nature puisqu'il forme le lien entre la virtualité et le passif. — L'idée qui précède est clairement exprimée par les chiffres du nombre 10 qui dans un sens n'est que la répétition de l'Unité comme synthèse.

Dans ce nombre 10, en effet, nous trouvons la perpendiculaire, symbole de l'Unité et le zéro, hiéroglyphe circulaire qui exprime fort bien la nature hermaphroditique dont nous avons parlé et qui est comme la racine du commencement des phénomènes de vibration.

Les idées qui précèdent sont quelque peu difficiles à suivre, vu qu'elles expriment des forces qui ne sont pas encore nettement formulées, mais qui cependant commencent à franchir le seuil de la manifestation et qui dans quelques années seront fort bien comprises du public instruit.

Espérons-le du moins ! Et c'est pour cela que nous avons voulu éveiller l'attention du lecteur sur ce sujet si intéressant, sur lequel nous pourrions écrire certainement plus d'un volume, mais qui ne saurait être encore admis par d'assez nombreux lecteurs, pour nous en permettre la publication.

CHAPITRE XXI

COSMOGONIE

L'HEDEN OU PARADIS TERRESTRE

Malgré les immenses travaux accomplis sur la Cosmogonie nous savons fort peu de choses encore aujourd'hui, sur cet important sujet, qui présente pour l'homme un intérêt capital.

Nous allons donner ici la théorie qui nous paraît à la fois la plus simple, la plus logique et la plus rationnelle. Si sa donnée est fausse, ce qui est actuellement impossible à démontrer, elle est au moins vraisemblable et ne choque en rien le bon sens.

Tout dans la nature naît d'un œuf et les traditions orientales nous apprennent que le monde naquit d'un œuf de Brahmâ. Les Etrusques faisaient naître de l'œuf l'*Etre Irrévélé*, qui, pour créer, revêtait une forme sensible, composée des attributs mâle et femelle. De l'union de ces deux principes naissait le grand Démiurge (Δεμιουργος) qui devait créer l'Univers.

Suidas (V° *Tyrrhenia*) sur les *Antiquités Etrusques*, nous dit que le Démiurge n'employa pas moins de 6.000 ans pour cette création.

Pendant le premier mille, il fit le ciel et la terre ; au deuxième, le firmament ; au troisième, la mer et les eaux qui arrosent la terre ; pendant le quatrième mille, il fit les deux grands flambeaux de la nature ; pendant le cinquième, il créa l'*âme* des oiseaux, des reptiles, des quadrupèdes et des animaux qui vivent dans l'air, sur la terre et dans les eaux ; enfin au sixième mille, il créa l'homme.

Un grand nombre d'autres mythologies admettent aussi la création du monde par l'œuf ; nous pouvons donc admettre que notre Planète s'est formée au sein du chaos obscur de la manière suivante.

Un œuf planétaire a été constitué par des masses métalliques hétérogènes, lesquelles masses se sont agglomérées entre elles, par suite de la loi d'affinité qui leur est propre. Cette nouvelle masse a formé une énorme sphère métallique qui avait son centre à l'état de fusion, et dont la chaleur était de plus en plus faible au fur et à mesure qu'elle arrivait à la périphérie. Mais pour faire éclore l'œuf, pour le faire vivre et prospérer il lui faut de la chaleur ; aussi le Soleil a-t-il eu la mission de remplir cet office. C'est lui qui doit réchauffer l'œuf et le faire vivre et fructifier. C'est lui qui est chargé d'aimanter cette sphère métallique, de la même manière que le physicien aimante l'acier avec l'aide du courant électrique. A ce moment, la planète se meut à travers le chaos et s'accroît des débris divers des matériaux tenus en suspension dans l'aither, dans l'atmosphère. La terre *grandit*, s'accroît petit à petit, absolument comme la boule de neige que l'enfant promène sur une plaine couverte de neige.

Le globe terrestre, après une période glaciaire déterminée, pendant laquelle tout était à l'état latent, comme en léthargie (*en devenir*), le globe possédant la vie en puissance et réchauffé par le Soleil et par son atmosphère vivifiante, le globe naquit, devint lumineux et se couvrit de végétation. Puis après une période plus ou moins longue, vinrent les animaux, enfin, l'homme, et dès lors, il se créa autour de cette atmosphère terrestre le quatrième Règne, le Règne Spirituel décrit par les voyants, par Swedenborg, Michel de Figanières, Allan Kardec avec tous les Initiés.

Voilà certainement une théorie cosmogonique raisonnable et acceptable, bien qu'elle ne soit pas Biblique. Du reste la donnée cosmogonique de la Bible est de plus en plus abandonnée même par les catholiques orthodoxes, comme on va voir. — Ainsi au mois d'août 1897, il a été tenu à Fribourg, en Suisse, un Congrès catholique assez important puisqu'il comportait environ 600 membres délégués de presque toutes les contrées du monde.

Dans cette assemblée le Docteur Zahm a dit que « bien que la création telle que la narre la Bible soit possible *à priori*, elle est, à *posteriori*, si fortement improbable qu'on doit la rejeter... que ceux qui croient à cette création s'appuient sur *l'interprétation littérale* de la Genèse, tandis que tous les étudiants contemporains de la Bible déclarent que ce livre est allégorique; que Dieu, dans le principe, créa les éléments et leur donna le pouvoir d'évoluer en toutes les formes qui caractérisent les mondes organiques et inorganiques. »

Et aucune voix ne s'est élevée pour protester contre cette affirmation ! Les catholiques ont donc reconnu que la Bible était un livre *allégorique* et que dès lors, on ne devait pas l'accepter à la lettre, mais dans son esprit. Il pouvait donc, dès lors, donner lieu à des interprétations diverses ; naturellement l'Eglise se réserve le monopole des interprétations ; mais comme il y a aujourd'hui fort peu d'initiés dans le clergé catholique, il se trouve que l'Eglise est absolument disqualifiée pour cette interprétation, malgré l'infaillibilité de son chef, le Pape représentant de Jésus-Christ.

Quoi qu'il en soit nous sommes heureux de constater que la création du monde en six jours a fait son temps et que Dieu n'a pas eu besoin de se reposer par conséquent le septième.

L'Eglise n'est donc pas éloignée d'admettre, comme le fait la science, que c'est par l'Evolution seule que les formes, les règnes et les Mondes ont pu se développer d'une manière lente, mais progressive et méthodique ; et par suite elle sera amenée à reconnaître que toutes les qualités acquises se conservent dans les naissances successives de l'espèce ; sans cela l'Evolution, qui est la loi de progrès, deviendrait absolument impossible, ce qui précède démontre donc d'une manière incontestable que l'homme primitif, l'homme sauvage, cette espèce de *Primate*, n'a pu devenir l'être civilisé que nous connaissons, que par des renaissances successives, car une seule existence ne pourrait opérer une transformation sensible sur l'homme de la terre.

Que serait-ce qu'une évolution Terrienne pour transformer un sauvage en un civilisé ! presque rien ; il faut donc que l'homme retourne bien des fois sur notre planète ou sur toute autre, pour arriver à atteindre un certain degré de perfectionnement. Et qu'est le grand civilisé moderne à côté de l'homme futur, de celui qui possédera des sens internes, que nous commençons seulement à pressentir.

L'Evolution étant reconnue comme la loi de progrès, de développement (le fait a été reconnu implicitement par les membres du Congrès de Fribourg), nous espérions que nos Congressistes (pères jésuites et prêtres de tout rang), nous auraient expliqué « comment les *monades* sont arrivées à former un homme ? »

Est-ce que la monade arrive du premier coup à la dignité d'être humain ou bien passe-t-elle par l'animalité inférieure, puis supérieure enfin à l'hom-animal, au singe par exemple pour aboutir à ce que nous nommons le *Roi de la création* ?

Nous aurions bien aimé voir les Congressistes

catholiques, nous montrer les divers anneaux de la chaîne animale conduisant à l'homme ; s'ils avaient suivi logiquement cette marche rationnelle, ils seraient peut-être arrivés à l'hypothèse de Darwin le successeur de Lamarck, hypothèse qui a été anathématisée autrefois par l'Eglise.

Il faut espérer qu'à un prochain congrès, l'Eglise, forcée de se rendre à l'évidence, marchera d'accord avec la science moderne !

L'Eglise a donc reconnu formellement que la création de notre petit Monde n'a pu être l'œuvre d'un instant (un instantané), mais l'œuvre d'une très longue suite de siècles, elle finira bien par admettre aussi que la création *ex nihilo* ne peut pas être, et que la vie et les mondes sont sortis de la *Substance — Une* ou matière non différenciée, de l'akasa ou *Aither Primordial*.

Depuis combien de milliards d'années existe notre planète ? On ne saurait le dire, même approximativement, avec les données que nous fournit la science moderne.

Pour un grand nombre de géologues il y a des centaines et des centaines de millions d'années et pour les plus timorés des géologues une centaine de millions d'anées comme le prouve la citation suivante : « au nombre des progrès remarquables de la Philosophie naturelle dit le professeur Tait (1), il faut citer les travaux de Sir William Thomson sur la durée des périodes géologiques. Lyell et Darwin nous avaient surpris et presque épouvantés en demandant à notre crédulité les plus invraisemblables concessions, au sujet du temps qui s'est écoulé depuis la première apparition des êtres vivants sur notre globe. Il faut à Darwin d'énormes durées, pour soutenir jusqu'au bout sa théorie, et il est naturellement ravi de trouver une autorité de l'importance de Lyell pour l'appuyer. »

Malheureusement la Philosophie naturelle par l'organe de Sir W. Thomson a aussi son mot à dire sur ce point. Ce savant a déjà démontré par trois preuves physiques complètes et indépendantes, l'impossibilité de pareilles périodes.

La première preuve est tirée de l'observation des températures souterraines, qui vont *crescendo* à mesure qu'on descend. Or les lois de la conductibilité calorifique sont aujourd'hui suffisamment connues pour permettre d'affirmer que la terre était encore rouge à sa surface il y a tout au plus cent millions d'années.

« La deuxième preuve est tirée de la forme de la

(1) *Leçon d'ouverture* de son Cours à l'Université d'Edimbourg, *In Revue* des cours scientifiques, numéro du 2 avril 1870.

terre, combinée avec cette observation récemment faite, que le frottement des marées fait croître continuellement la longueur du jour. La terre tournait donc autrefois plus vite que maintenant, et si elle était solidifiée à l'époque qu'indique la théorie de Lyell, elle aurait pris une forme beaucoup plus aplatie que celle que nous lui connaissons.

La troisième preuve est déduite du temps pendant lequel le soleil a pu fournir à la terre les radiations nécessaires à la vie des végétaux qui ont servi de nourriture aux animaux. Ici encore, il est démontré qu'accorder cent millions d'années, c'est déjà dépasser de beaucoup la longueur de cette période.

« Toutes ces déductions s'ajoutent l'une à l'autre, mais une seule suffirait pour renverser les prétentions de Lyell et de Darwin et l'on peut dire comme conclusion, que la Philosophie naturelle a démontré que la durée passée *maximum* de la vie animale sur notre globe peut être approximativement évaluée à quelques siècles près, à une cinquantaine de millions tout au plus et que les progrès ultérieurs de la science, n'élèveront jamais cette estimation mais tendront au contraire à la restreindre de plus en plus. Huxley a naguère essayé d'invalider cette conclusion mais sa tentative a échoué complètement. »

Nous croyons fausse la conclusion de l'éminent professeur d'Edimbourg, surtout quand on voit s'accomplir si lentement le progrès concernant l'homme sur notre planète ; quand on pense surtout que l'homme de la première famille de la première race n'était guère qu'un animal, n'ayant même pas l'usage de la parole et possédant des sens très incomplets ; c'était une véritable brute, n'ayant aucun langage, poussant des cris, comme les animaux. Puis, il s'affina de plus en plus avec la seconde, la troisième et la quatrième famille.

Avec la seconde race, ses sens devinrent plus parfaits encore et augmentèrent d'acuité, enfin avec la cinquième et sixième race, l'homme possédera des sens beaucoup plus affinés, tels qu'en possèdent quelque rares privilégiés contemporains.

Enfin le sixième et septième rejeton non encore advenus formeront des peuples nouveaux dont la civilisation est appelée à éclipser celles du passé ces rejetons ou familles accéléreront le retour de l'humanité vers l'état subjectif et psychique.

Nous terminerons ce chapitre en étudiant la question si controversée du *Paradis terrestre* ou *Héden*.

I. L'HÉDEN OU PARADIS TERRESTRE

A la fin du CHAPITRE XII, p. 272, (1), nous avons eu occasion de parler de l'emplacement de l'Héden, du Paradis ; ce dernier terme est la transcription, en français, du mot grec Παράδεισος, qui lui-même est dérivé du Kaldéen *Pardes*, qu'on trouve dans plusieurs passages de la Bible et qui est employé pour désigner un Verger, un Jardin ou un Parc. Ce même terme se retrouve également, sauf de légères variations ou altérations propres à leur génie particulier dans les langues suivantes : le Sanskrit, l'Arabe, l'Arménien, le Persan et le Syriaque et signifie *vaste terre bien cultivée*.

Dans la Bible (version des Septante) ce terme Παράδεισος est bien donné au lieu qu'ont habité Adam et Eve avant ce qu'on dénomme leur faute, c'est ce lieu que le texte hébreu dénomme le *Jardin d'Héden*.

Quel emplacement occupait sur notre globe le Paradis terrestre ?

---

(1) Le livre des morts des anciens Egyptiens commenté, leur ésotérisme expliqué.

La détermination de cet emplacement a été l'objet de nombreuses recherches d'archéologues, de géographes et de théologiens éminents.

Un des premiers auteurs en date dans ces temps modernes, qui ait étudié en France la question qui nous occupe, est Daniel Huet, Evêque d'Avranches (1), puis nous avons eu D. Calmet (2), J. Hardouin (3), Etienne Morin, etc., etc., enfin Léon Mayou.

A l'étranger, les auteurs qui ont étudié la question sont fort nombreux, nous mentionnerons plus particulièrement Bahrdt (4), Beke (5), J. Kayser (6), Michaëller (7), Rosenmüller (8), Schulthess (9), Viener (10) et d'autres encore qui, la plupart, placent le Paradis dans l'Inde à Ceylan.

---

(1) De la situation du Paradis terrestre ; Paris, 1691.
(2) Dictionnaire de la Bible, art. *Paradis*.
(3) *De situ Paradisi terrestris excurs. ad Plin. H. N.*, ib. IV. Tome I, p. 395.
(4) *Eden. das ist Beitr. über d. Paradieses* ; Francfort, 1772.
(5) *Honoræ biblicæ*.
(6) *Das geretteste Eden* ; Francfort, 1772.
(7) *Das neusie über geographische Lage d. indischen Paradiese* ; Vienne, 1976.
(8) *Haud buch d. biblisch, al terlhnmskund*, tome I, p. 173-75.
(9) *Das Paradies. das Indische und Überindiscg. historiche, mytisch, mystich*, Zurich, 1806.
(10) *Biblisches Redlvsterbuch*, art. Eden.

Dans le *Bulletin de la Société de Géographie de Paris* (1) nous trouvons un curieux travail, une sorte de dissertation, dont le *Bulletin* sus mentionné donne une intéressante analyse ; l'auteur fait remarquer dans son travail que, d'après la Genèse, le fleuve qui arrosait le jardin d'Héden ne se partageait pas en quatre fleuves, mais provenait de quatre sources différentes ou rivières, ce qui concorde avec ce que nous dirons plus loin. De ces quatre rivières deux sont tout trouvés, ce sont l'Euphrate et le Tigre qui se réunissent à Corna pour former le *Schatt-el-Arabe* (Feuve des Arabes). L'auteur anglais joint à ceux-ci le Géhon, lequel est à l'Est dans le Kerkhah qui se jette dans le *Schatt-el-Arabe* et dont l'ancien nom pourrait se retrouver dans celui de Koon ou Koun que porte un de ses affluents. Or, la Bible nous apprend que le Géhon entourait la terre de Kousch, c'est-à-dire d'après les commentateurs, l'Ethiopie, tandis que l'auteur anglais y reconnaît *kohistan* ou *kochistan*. Enfin le même auteur anglais identifie « le *Fison* ou *Phison* au Haffar appelé aussi *Karoun*. »

La conclusion de notre auteur est celle-ci : que l'Héden s'étendait du point où le Karoun se jette

---

(1) Numéro d'août 1848.

dans le *Chatt-el-Arabe* et s'étendait jusqu'aux rivages du golfe Persique (environ sur une étendue de 18 kilomètres de longueur).

Nous ne saurions partager cette opinion de l'auteur anglais et nous préférons de beaucoup placer le Paradis terrestre dans l'Afrique centrale dans le désert du Sahara, comme l'a fait M. Léon Mayou.

C'est de toutes les suppositions la plus plausible sans contredit (1).

« Moïse, dit-il (2), nous apprend que quatre fleuves venant du pays d'Héden déversaient leurs eaux dans son sein, ces quatre fleuves étaient alimentés par un fleuve unique : LE NIL !

« Et un fleuve sortait d'Héden pour arroser le jardin, et de là, il se divisait en quatre fleuves. » (Moïse, Ch. II, v. 10).

Ces quatre fleuves desséchés, à ciel ouvert, sont le *Souf*, l'*Igharghar*, prolongé par le fleuve *Tidjond jelt* (*ancien Triton*) ; l'*Oued Miya* et l'*Oued Djeddi* (*ancien Nigris*). L'immense nappe d'eau qu'ils fournissaient avant la création du Nil, alimentait le lac Triton, dont il ne reste plus aujour-

---

(1) *A commentary on Genesis* (C. II. V. 10) by W. A. C.
(2) *Les secrets des pyramides de Memphis*, in-8°, Paris, 1894 ; page 44.

d'hui que les chotts Melrir, Rharsa et Djérid. La masse liquide qui n'avait pas été consommée par l'évaporation se déversait dans la Méditerranée par un étroit canal, aujourd'hui recouvert par les sables, lequel canal débouchait au fond du golfe de Gabès.

La communication avec la mer cessa peu à peu et le lac Triton se transforma en marais, à mesure que l'eau détournée dans la vallée Egyptienne fit défaut aux fleuves Sahariens ou aux quatre fleuves du pays d'Héden. Faute d'apports suffisants, le volume d'eau se trouva de plus en plus réduit par l'évaporation ; et le pays, de fertile qu'il était, se trouva transformé en désert. C'est ainsi que commença le désert Saharien à l'aurore des *temps historiques*.

Donc, d'après ce qui précède, le Paradis terrestre n'aurait été ni à Ceylan, ni en Arabie, mais bien dans le cœur même de l'Afrique, dans le désert du Sahara, que l'on devaait transformer en une mer, la mer Roudaire, comme nous le disons dans nos conclusions au sujet du *Livre des Morts* des anciens Egyptiens.

CHAPITRE XXII

LE TRANSFORMISME

L'HOMME DESCEND-T-IL DU SINGE ?

L'homme descend-t-il du singe ?

N'est-il qu'un singe anthropoïde perfectionné ?

Voilà des questions qui ont fait couler des flots d'encre, car il existe certainement une Bibliothèque considérable au sujet de cette descendance de l'homme; et cependant la question n'a pas fait, auprès de certains esprits, *un pas* !

On cherchait un chaînon, un anneau à la chaîne des singes anthropoïdes pour arriver par eux jusqu'à l'homme.

On croit l'avoir trouvé ce chaînon; voici pourquoi.

Au quatrième *Congrès international de Zoologie*, tenu à Cambridge le 20 août 1898, Ernest Hœckel a prononcé le 26 août un discours qui traitait de l'origine de l'homme
Etat actuel de notre connaissance à ce sujet (1).

L'honorable savant a cru résoudre finalement le problème de nos origines.

L'a-t-il résolu en effet ? c'est ce que nous allons voir.

D'après Hœckel, l'homme descend du singe, mais pas des familles qui existent actuellement, mais bien de familles éteintes.

Or, Hœckel croit aujourd'hui qu'on a retrouvé les restes fossiles de quelque forme intermédiaire, reliant l'homme aux anthropoïdes actuels ; le *missing link* d'Huxley.

Nos lecteurs savent fort bien que c'est de la zoologie qu'est sortie la fameuse Doctrine du *Transformisme*, également dénommée *Théorie de la descendance*, dont les pères sont : Charles Darwin et Ernest Hœckel et le Grand-Père notre Lamark, qui aurait eu lui-même un précurseur. Quoiqu'il en soit, Lamarck jeta dès 1809 les bases de la théorie de Darwin, qui, né à cette même date

(1) *Ueber unsere gegenwärtige Keontniss vom Ursprung des Menschen*, Bonn, 1898.

de 1809, ne traita la question qu'en 1859, c'est-à-dire 50 ans après Jean Lamarck.

Dès 1809 Erasme Darwin, le grand-père de Charles Darwin, avait accueilli avec enthousiasme la théorie de Lamarck.

Une des questions qui intéresse le plus l'humanité, c'est celle de son origine, c'est élémentaire ; l'idée du but et de la fin de toute existence humaine, en résulte.

Et la science humaine serait une bien piètre chose, si elle ne s'employait activement à jeter quelque lumière sur le point qui nous occupe, point qui tout en demeurant encore obscur, doit pour cela nous intéresser davantage. Or c'est uniquement sur la connaissance de notre origine que peut être établie la *théorie psychologique de la Connaissance*, base de la Psychologie et de toute philosophie moniste de la Nature.

Les investigations de la science moderne ont singulièrement élargi nos conceptions sur notre essence intime, aussi avons-nous des idées plus justes sur le transformisme.

Aujourd'hui, nous commençons à admettre que l'âme commence son évolution dans les plus bas degrés de la création et la poursuit d'une manière constante, et toujours en progrès jusqu'aux mondes divins.

Aussi pouvons-nous dire avec raison, que toute âme, dans chaque être vivant, passe par un progrès continue et que cette âme parvenue à l'homme possède déjà une histoire de son évolution.

D'après Lamarck, la transformation des espèces aurait lieu depuis la monade jusqu'à l'homme et cela par atavisme, par une hérédité de formes transmises par les ancêtres; les animaux polycellulaires descendraient d'êtres unicellulaires et les organismes complexes, d'organismes simples.

A côté de la *théorie de la descendance* ou transformisme, se place la *théorie de la Sélection*. Darwin démontre que presque toutes les espèces organiques dérivent de cette sélection qui est soit naturelle, soit artificielle.

La sélection naturelle se fait par la lutte pour l'existence, c'est la bataille de la vie.

La sélection artificielle ne s'accomplit que par le fait, par la volonté de l'homme qui use de croisements pour obtenir de nouvelles espèces.

De ces sélections résulte la transformation de formes organiques de plus en plus parfaites, de plus en plus vigoureuses.

Enfin, la *théorie de l'évolution* affirme qu'il existe

dans la nature un grand processus évolutif et que tout ne s'accomplit dans celle-ci qu'en vertu de la loi de causalité. Grâce à des combinaisons diverses de la matière, des propriétés nouvelles apparaissent dans les molécules organiques de cette matière, qui est du reste également modifiable par l'influence du milieu où elle se trouve.

Cette conception mécanique du monde est admise par les matérialistes et ils donnent comme complément à cette conception, l'hypothèse de la théorie cellulaire, à l'aide de laquelle ils admettent bien une âme dans l'animal ; mais ils font résider celle-ci dans les cellules de l'économie qui entoure le corps tout entier de l'animal et à la mort, cette âme collective disparaît avec la coque de l'être et ne laisse aucune trace de son existence.

Aujourd'hui, en supposant que l'homme n'ait qu'une âme, tout le monde est à peu près d'accord sur le siège de sa résidence ; c'est dans le cerveau, c'est dans la glande pinéale que résiderait l'âme. Celle-ci survit au corps, avec lequel elle est en contact perpétuel pendant la vie ; elle se met en rapport avec celle-ci par le système nerveux, par le fluide vital. C'est par l'âme et par elle seule que le progrès, l'évolution s'accomplit chez l'homme.

Ainsi donc, d'après ce qui précède nous pouvons

conclure que le *Transformisme*, la *Sélection* et l'*Evolution* aboutissent au même phénomène, à savoir, que la transformation des espèces provient uniquement de l'âme (dénommée instinct chez l'animal) qui fait toute son évolution à travers la série au moyen d'existences successives.

A chacune de ses incorporations, de ses incarnations, l'âme s'agrandit pour ainsi dire, elle se complète par l'adjonction d'un plus grand nombre de particules psychiques éparses dans l'aither, lesquelles particules s'unifient par suite de la loi d'affinité.

Ceci admis et c'est fort admissible, l'évolution ne serait qu'une transformation de l'âme, un changement produit par une addition, une accumulation ou agrégation du principe intelligent, principe qui se poursuivrait de la monade jusqu'à l'homme. La monade représente la parcelle divine à l'état infinitésimal si l'on peut dire, tandis que dans l'âme humaine se trouve quantité de ces mêmes parcelles qui sont venues s'y agglomérer en grand nombre par suite de la loi d'attraction.

Voilà pourquoi, quand l'âme humaine est très évoluée, quand elle a passé par un grand nombre de formes, de corporéité, elle quitte des types primitifs pour aller animer des êtres de plus en plus parfaits.

Ainsi donc, de ce qui précède, il résulte que les âmes peu évoluées, jeunes, rudimentaires, occupent des corps rudimentaires, tandis que les âmes évoluées occupent des corps de plus en plus évolués; les premières peuvent donc animer le corps des animaux; car dès le moment qu'il n'y a qu'un principe intelligent qui s'adapte à tous les êtres de la création, les animaux étant doués d'intelligence possèdent une âme.

Ce qui précède n'est nullement en contradiction avec la science; car un grand nombre de naturalistes reconnaissent que tout animal qui a un système nerveux a une âme, ce que beaucoup nomment *instinct*; or l'instinct ne serait qu'une intelligence rudimentaire qui ne leur donnerait pas la faculté de penser, de combiner des systèmes et d'agir en liberté.

Les travaux de John Lubbock sur les fourmis et les abeilles confirment les lignes qui précèdent, car le savant naturaliste après des études longues et patientes et de nombreuses expériences exécutées avec toute la rigidité scientifique paraît conclure que l'intelligence universelle est répandue dans la nature et qu'elle est divisée en parcelles indéfinies.

Enfin Lubbock reconnaît que l'âme constitue bien l'ensemble des facultés mentales et que les insectes qu'il a étudiés étant doués de raison et que leurs facultés étant de la même nature que celles de l'homme, celui-ci et l'animal peuvent être placés sur un pied d'égalité relativement à l'âme et toutes proportions d'ailleurs étant gardées.

Revenant à ce qui fait plus immédiat l'objet de notre étude nous dirons que la loi d'Huxeley indique nettement quelle est la place de l'homme dans la série des vertébrés ; cette loi la voici :

Les différences psychologiques de l'homme et des anthropoïdes sont moins considérables que celles qu'on observe à cet égard entre les anthropoïdes et les singes inférieurs.

Hœckel prétend que l'organe de l'âme est particulièrement inconnu des psychologues, c'est-à-dire d'après lui, des savants qui font profession d'exposer l'étude de ses fonctions : « La plupart des psychologues ne connaissent même pas l'anatomie du cerveau et des organes des sens... Le plus grand nombre des psychologues, aujourd'hui encore, ne sait rien des résultats de la psychologie expérimentale moderne, ni de la psychiàtrie... Ils ignorent jusqu'à la localisation des différentes fonctions psychiques, le rapport de ces fonctions avec les diverses parties du cerveau » et il ajoute plus loin : « La psychologie n'est point du tout la science des fonctions psychiques, n'est point la physiologie des organes psychiques : c'est une manière de métaphysique ».

D'après Hœckel, les psychologues ne connaissent rien des grands travaux de Goltz, de Hermann, de Munk, de Wernicke, d'Edinger, de Paul Flechsig et de tant d'autres encore ; en somme, les psychologues sont des ignorants d'après le maître allemand ! Et pour mettre sans doute les psychologues un peu au courant de la question, le professeur d'Iéna résume la théorie de P. Flechsig relative aux centres de projection et d'association de l'écorce cervicale.

Inutile d'ajouter que notre professeur ne voit rien que matière et que comme Ch. Voght, il doit sans doute croire que *la pensée est une sécrétion du cerveau*, s'il ne le dit pas. Donc l'homme peut parfaitement descendre du singe ; mais pour prouver victorieusement sa thèse, il manquait un chaînon à la chaîne animale, mais un confrère va tendre la perche à Hœckel.

En 1891 ou 1892, un médecin Hollandais, Eugène Dubois, a trouvé à Java des ossements fossile de *Pithecanthropus erectus*, lesquels restes fossiles doivent provenir, suivant Hœckel, d'une forme de transition entre l'homme et le singe, forme qu'avait déjà postulée dès 1866 à titre de pure hypothèse le professeur d'Iéna. Il avait donné à cette forme le nom de *Pithecanthropus*. « C'est, dit-il, le chaînon qui manquait dans la chaîne des primates supérieurs. »

« Parmi le petit nombre des anthropoïdes encore existants ce sont les Gibbons (Hylobates) « qui se rapprochent le plus de la forme ancestrale commune à tous les anthropoïmorphes. »

Et les plus propres à expliquer la transformation du singe en homme, quant aux autres singes anthropoïdes encore existants : Orang, Chimpanzé, Gorille, ils ont beaucoup moins que les Gibbons « l'habitude de marcher debout et d'appliquer sur le sol la plante des pieds. En outre leur capacité cranienne, partant la grosseur du cerveau, occupe exactement, chez le *Pithecantropus erectus*, le milieu entre celle des anthropoïdes et des races humaines inférieures ; il en va de même pour la ligne caractéristique du profil de la face. »

Comme on peut voir, Ernest Hœckel ne met plus en doute la descendance de l'homme par son ancêtre le singe !

Le médecin militaire Hollandais, M. Eugène Dubois, trouva dans l'île de Java à *Trinil*, sous environ quinze mètres de terre, dans un terrain du plus récent Tertiaire, au *Pliocène*, supérieur par conséquent, parmi d'autres fossiles de la Faune Tertiaire, une *calotte cranienne*; deux *dents* molaires supérieures et un *fémur* entier, qu'il attribua à un animal intermédiaire entre les grands singes anthropoïdes et l'Homme (1).

« Par le crâne et les dents, nous dit le Dr Hollandais, le *Pithecanthropus erectus* s'approche des anthropoïdes, de l'homme par le fémur, sans pourtant pouvoir être rangé ni parmi les anthropoïdes, ni dans le genre humain... Par sa forme, le crâne ressemble de très près à un crâne de Gibbon *deux fois agrandi*, mais il diffère beaucoup de tout crâne humain, même du type de Néanderthal.

Les crânes de ce dernier type, de même que ceux de Spy sont, d'abord beaucoup plus grands et très différents de forme également, surtout dans la

---

(1) E. Dubois. — *Pithecanthropus erectus, eine menscheˆ nachuliche Uebergans form aus Java*, Batavia, Landesdruckerei, 1894.

Cf. E. Dubois (de la Haye). — *Le Pithecanthropus erectus et l'origine de l'Homme*. Conférence annuelle transformiste in *Bullet. de la soc. d'anthropologie*, Paris, 1896. VII, 4° série, p. 460 et suivantes.

partie antérieure et dans la *partie pariétale*. Cette dernière est beaucoup plus aplatie dans le *Pithecanthropus*. Mais c'est surtout dans la partie *orbitale du front* que le crâne du *Pithecanthropus* est aussi éloigné des crânes Néanderthaloïdes que de tout autre crâne humain. Cette partie est entièrement pithécoïde. »

M. Dubois dit ensuite que le fémur de Trinil paraît s'écarter suffisamment de la forme humaine pour que cet os ne puisse être considéré comme appartenant à l'homme ; et notre docteur conclut : « Après toute critique touchant la place qu'il convient d'assigner dans la série des primates au *Pithecanthropus*, je persiste à penser que le *Pithecanthropus erectus* appartient en ligne directe à la généalogie de l'homme, ou au moins ne peut s'éloigner beaucoup de cette ligne. »

Mais voici qui est gênant. Les physiologistes anglais, Cunningham, W. Turner, David Hepburn considèrent le crâne de Trinil comme un crâne humain.

Les anthropologues Houzé et Manouvrier tiennent ses ossements, demeurés enfouis pendant des centaines de siècles, pour des restes humains d'une *race fort inférieure*, morphologiquement beaucoup plus arriérée que celles de Néanderthal et de Spy, donc le Bipède de Trinil serait bien un homme de l'époque pliocène et non un anthropoïde. Au sujet du même fémur, M. Hepburn d'Edimbourg nous dit que « d'après les conditions géologiques, cette découverte fait remonter le genre *Homo* à une période plus lointaine que toute autre découverte antérieure de restes humains. »

Notre collègue Manouvrier va plus loin encore, il nous dit : « A cette époque lointaine, le seul représentant connu du genre *Homo* possédait des *dents* et un *crâne* inférieurs à ce qui avait été antérieurement découvert et très convenable pour représenter dans ce genre *Homo* ou dans la famille des Hominiens, une *phase Pithecanthropique de l'humanité*. Aussi sa conclusion est-elle de donner à cet homme pliocène le nom de *Homo Pithecanthropus*.

Si la proposition du professeur de notre École d'anthropologie était acceptée, le fameux chaînon si recherché et si attendu serait tout trouvé ; malheureusement pour Manouvrier, MM. Krause, Virchow, Valdeyer et d'autres encore tiennent, avec raison suivant nous, les restes fossiles de Trinil pour des restes d'un homme très primitif.

Inutile d'ajouter que tous les savants qui sont pour la descendance de l'homme par le singe sont d'un avis contraire et soutiennent *mordicus, perfas et nefas*, « qu'au point de vue de la théorie transformiste, la seule qui soit *explicative* au sens scientifique du mot, ces distinctions ne sont fondées ni en fait, ni en doctrine. La calotte cranienne de Trinil provient d'une espèce de bipèdes marcheurs, espèce humaine ou préhumaine, intermédiaire entre le singe et l'homme, espèce contemporaine d'une faune néopliocène bien datée et bien caractérisée (1). »

Les mêmes partisans de notre descendance simiesque vont jusqu'à dire que « tous les géologues et tous les paléontologistes paraissent unanimes sur ce point très important pour la théorie de l'homme (2). »

Les mêmes savants affirment que les ossements fossiles de Trinil sont bien certainement des restes de l'ancêtre de l'homme, bien que la face de l'être en question eût un *facies* simiesque ; tout le prouve : les dimensions des dents, le volume des mâchoires, la visière frontale en toit, les apophyses orbitaires énormes (orbites dites *en lorgnette*), conséquence morphologique d'une capacité cranienne

---

(1) Jules Soury. — *Revue générale des sciences*, janv. 99, p. 52.

(2) *Ibidem*.

relativement très, très faible, de même que l'exiguité extrême d'un front fuyant; la largeur du frontal n'a guère que 86 à 87 millimètres, à ces signes caractéristiques, il faudrait ajouter : l'absence totale de bosse occipitale, l'absence presque complète de courbure pariétale (signe des plus caractéristiques), la forme aplatie de la calotte (platycéphale), enfin la crête occipitale remonterait très haut vers le lambda. Tous ces signes feraient donc apparaître l'homme Pliocène de Trinil comme une espèce intermédiaire dont le crâne présente des caractères bien inférieurs à ceux de Néanderthal et de Spy.

M. L. Manouvrier nous dit que « par la brièveté et l'aplatissement de sa région pariéto-occipitale, le crâne de Trinil descend au-dessous de certains jeunes anthropoïdes (1).

Malgré toutes ces bonnes raisons, nous persistons dans notre croyance, à savoir que nous nous trouvons en présence d'un homme des plus primitifs, d'autant que nous savons qu'en Anthropologie, l'infériorité craniologique des races fossiles croît en raison de leur Antiquité ; c'est là, pourrions-nous dire, un axiome.

(1) *In Bull. de la Soc. d'anthropologie de Paris* IV, 4° série, 1895, 12-47 ; 553-651, et VII, 1896, 396, 460-473.

Ceci admis, étudions les divers crânes préhistoriques, connus de tous les paléontologistes ; après cette étude, nous pourrons aborder d'une façon utile celle du crâne pliocène de Trinil.

Beaucoup d'anthropologues croient que l'homme primitif vivait à l'époque Chelléenne, aujourd'hui nous pouvons affirmer qu'il faut remonter jusqu'au tertiaire pour trouver le type cranien primitif, avant la découverte des derniers débris fossiles.

MM. de Quatrefages et l'abbé Bourgeois n'avaient pas hésité à adopter l'époque tertiaire pour l'apparition de l'homme sur notre globe, on voit que leur intuition les avait fort bien servis.

Or avant la découverte des restes fossiles de Trinil, dont nous venons de parler, nous savons que près du Puy, on avait découvert dans des coulées boueuses du Volcan de la Denize le corps d'un homme emporté dans ces boues, qui font partie du Pliocène, c'est-à-dire de la partie supérieure de l'époque tertiaire. Or M. Sauvage a reconnu sur les mêmes lieux que le crâne de cet homme était bien pareil à celui du Néanderthal (Belgique), crâne trouvé à la base des terrains quaternaires ; on peut considérer ce crâne comme le type conservé de la forme céphalique de l'homme Tertiaire.

Le crâne d'Eguisheim près de Colmar, découvert par le Dr Fauvel dans le lœss durci du Rhin, à 9 mètres environ de profondeur, présente tous les caractères du crâne du Néanderthal, savoir : front fuyant, arcade sourcilière fort saillante, et développement postérieur de la tête très considérable.

Aux environs de Stuttgard au milieu d'ossements de mammouth, on a trouvé à Canstadt, un crâne semblable en tous points à celui de Néanderthal ; on ne saurait élever un doute sur son origine, car le crâne de Canstadt a été trouvé dans une brèche *du rocher du Gibraltar*, dont la haute antiquité est tout à fait indiscutable.

Près de Liège, à 20 mètres au-dessus du niveau de la Meuse, on a trouvé *le crâne* dit *de Chauveaux*, qui appartient également à l'époque Chelléenne. Ce crâne est petit, le front fuyant ; il est surtout remarquable par son extrême allongement.

Les *Crânes de Clichy*, découverts dans les bas niveaux de la Seine, présentent des caractères d'infériorité incontestables, caractères qui sont notés chez un grand nombre de primates.

Nous terminerons ce que nous avons à dire sur les crânes préhistoriques en signalant le *crâne* dit de l'*Olmo*, qui diffère totalement de ceux que nous venons de mentionner. Il a été trouvé en Toscane aux environs d'Arezzo, dans les argiles quaternaires. C'est très certainement un crâne préhistorique, il se trouvait dans les argiles non remaniées mêlé à des restes d'*elephas primigenius* ; dans le même dépôt, se trouvaient quelques silex taillés. D'après le professeur Cocchi, ce crâne qui n'offre aucun caractère pithécoïde, se placerait en dehors des types qu'il a examinés en Italie et ne présenterait aucun terme de comparaison dans toute la crâniologie ancienne ; il est surtout remarquable par ses proportions considérables. Ainsi le crâne de Voltaire qui mesure 21 pouces de circonférence, ce qui n'est pas ordinaire, se trouve au-dessous de celui d'Olmo, qui mesure 21 pouces et demi. L'homme auquel il a appartenu était sans doute d'une grande intelligence.

On a trouvé en Belgique, dans une grotte dénommée *la Naulette*, une mâchoire humaine très curieuse ; elle était forte et très épaisse et n'avait point l'apophyse Géni, caractéristique du langage ; elle ressemblait donc à une mâchoire de singe ; on peut donc affirmer que l'homme porteur de cette mâchoire ne parlait point ; mais il pouvait être muet de naissance, dira-t-on ? à cela nous répondrons que la dentition de cette mâchoire était la même que celle des Anthropoïdes ; les molaires et les canines présentaient la même forme que chez ces singes et elles étaient disposées de même dans la mâchoire ; la dernière des trois molaires était la plus grosse, tandis que chez l'homme de nos jours, c'est le contraire ; la dernière molaire est la moins forte.

A Moulin — Quignon, on a trouvé une autre mâchoire, dont les caractères se rapprochent de ceux de la Naulette. M. de Quatrefages estime que ce type de mâchoire des plus primitifs se serait conservé dans la race humaine, comme un organisme transitoire, bien qu'ayant subi quelques modifications, chez des êtres sortant de l'animalité. Encore de nos jours, ces êtres serviraient de transition entre l'animal, les Fuégiens, les Bochimans et les Négritos, qui ne seraient guère plus avancés que les hommes de l'époque quaternaire.

A Engis dans une caverne à ours (Ursus Spœleus) située dans les environs de Liège, le Pr Schmerling a découvert au milieu de débris d'ossements fossiles et des vestiges d'une primitive industrie, un crâne dénommé dès lors *Crâne d'Engis*, qui remonterait à la période glaciaire, dont la durée d'environ cent mille ans implique de notables changements dans la constitution de l'homme.

A Solutré, près de Mâcon, on a également trouvé des crânes préhistoriques qui paraissent contemporains de l'âge du renne. Certains de ces crânes présentent une courbe très faible et le front, bien qu'ayant peu de largeur, n'est cependant pas fuyant.

En Suède, on a découvert des crânes analogues à ceux de Solutré, front bas, dolichocéphales et qui cependant ne présentent point un type bestial.

En résumé, par des observations très consciencieuses, on peut dire que les crânes conservent la forme allongée (dolichocéphale) pendant toute la durée du quaternaire ; ils ne deviennent arrondis (brachicéphales) que vers la fin des temps préhistoriques ; or entre ces deux limites, il s'est écoulé un espace de temps qu'on ne saurait estimer à moins de vingt mille ans.

On peut donc conclure de ce qui précède que dans les gisements les plus anciens, les crânes sont dolichocéphales et cela jusqu'à l'époque paléolithique ; puis ils deviennent brachicéphales, quand l'homme devient plus civilisé.

Nous devons ajouter que même les crânes dolichocéphales présentent entre eux une dolichocéphalie variée. Ainsi les crânes de Cro-Magnon

(Dordogne) n'ont pas les mêmes caractères que les crânes de Bruniquel ; les premiers ne présentent pas le type simiesque, mais celui de l'homme civilisé ; les crânes de Bruniquel marquent sur eux un progrès considérable, car leur forme affecte celle d'un bel ovale avec des contours très réguliers, ce qui manque aux premiers.

Disons en terminant ce qui concerne l'étude de ces crânes que c'est bien à tort qu'on veut voir dans les *crânes* dits *de Grenelle*, trouvés dans les niveaux moyens de la Seine, des crânes préhistoriques ; ils ne présentent aucun des caractères de cette période. La question a été résolue dans le sens que nous indiquons, à notre société d'anthropologie.

Nous allons maintenant poursuivre la descendance de l'homme par le singe en l'étudiant au point de vue psychique.

Nous dirons donc que les partisans de cette doctrine, et ils sont nombreux, veulent que l'homme descende plutôt du Gibbon, car ce dernier anthropoïde en s'incarnant pour la dernière fois dans une corporéité simiesque doit être un singe perfectionné tenant de la nature humaine, qu'il allait créer, et de la nature simiesque qu'il conserva encore longtemps, jusqu'à ce que par des incarnations successives il eût dépouillé les dernières traces de la pure animalité.

Les partisans de cette descendance de l'homme prennent de préférence à l'orang, au chimpanzé et au gorille, le Gibbon, parce que cet animal est doux, caressant et semble supérieur aux autres singes anthropoïdes (1).

D'après ce qui précède, l'homme primitif ne remonterait pas au-delà de la base de l'époque Chelléenne. Pendant la durée du Pliocène, le précurseur de l'homme serait apparu, tandis que les anthropoïdes avaient fait leur apparition dès le miocène.

A cette époque déjà éloignée du tertiaire, la température était presque égale sur la surface du globe, aussi les primates vivaient en même temps sur divers continents, ce qui expliquerait, disent

(1) Gratiolet et le Dr Hervé prétendent n'avoir trouvé, au point de vue anatomique, des caractères différents entre l'homme et les anthropoïdes.

Linné va plus loin encore ; il classe carrément l'homme dans le groupe des *Primates*, et un grand nombre de naturalistes admettent la classification animale de Linné ; ils se servent même de celle-ci pour dire que l'homme a pu faire simultanément son apparition en Asie et en Afrique, puisque ces contrées ont été habitées par les premiers Primates ; le gorille, espèce qui se rapproche le plus de l'homme, habite le Gabon, le chimpanzé, la Guinée, le gibbon et l'orang, l'Inde et les îles avoisinantes de la côte Indienne.

quelques anthropologues, l'apparition de l'homme sur plusieurs points du globe à la fois.

Nous avouons que ce raisonnement est captieux et ne manque pas de charme.

A propos des Anthropoïdes, nous trouvons dans l'étude d'un ami regretté les lignes suivantes qui nous paraissent fort curieuses : « Soyons bien persuadés toutefois que ce sont les âmes ayant animé les anthropoïdes qui vinrent s'incarner dans l'homme primitif et non point des esprits déjà avancés, attendant dans l'espace le moment propice pour faire leur apparition sur la terre. Ce qui a pu faire croire à la venue d'esprits autres que ceux des singes, c'est qu'on pense généralement que les animaux ne progressent point, et que, n'ayant que l'instinct, ils ne peuvent aller au-delà de la condition pour laquelle ils ont été créés et dont la limite semble infranchissable, mais il n'en est pas ainsi. La nouvelle théorie déjà entrevue par quelques philosophes naturalistes vient prouver cette intéressante série animale, dont l'âme parcourt à notre insu les degrés, et arrive peu à peu vers l'humanité à laquelle elle vient se mêler quand l'évolution inférieure est accomplie.

« Les singes actuels font aussi leur évolution et nous pensons qu'ils viennent s'incarner chez les

Négritos, les Feugiens, les Bochimans et chez toutes les races inférieures du globe.

« Dans les temps géologiques, la race humaine n'était pas ce qu'elle est aujourd'hui ; elle avait encore quelques caractères simiens, et ce n'est que pendant la longue période de deux cent mille ans, que des modifications furent apportées à sa conformation physique, à ses mœurs et à ses besoins. L'homme s'est perfectionné depuis par des existences successives ; il n'est plus ce qu'il était dans le lointain des âges ; tout est changé autour de lui, et notre civilisation ne peut être comparée en rien à la barbarie de l'époque paléolithique ».

« Lorsqu'on jette un coup d'œil attentif, nous dit Bourgès dans la même étude (1), sur l'ensemble des crânes préhistoriques déjà connus, en procédant des plus anciens aux plus récents, on aperçoit chez eux un progrès dans la série des âges, un perfectionnement organique, décelant divers degrés de culture intellectuelle. Le cerveau augmente de volume, les circonvolutions deviennent plus nombreuses, et l'on voit une forme nouvelle, la brachicéphalie, c'est-à-dire une tête arrondie,

---

(1) Communication à la Société d'anthropologie de Paris, année 1883.

apparaître à l'époque Robenhausienne sans que la dolicocéphalie disparaisse entièrement. »

Connaissant bien maintenant tout ce qui concerne les crânes préhistoriques nous pouvons aborder l'étude du crâne de Trinil et décider, en connaissance de cause, si l'homme descend oui ou non du singe!...

Le crâne en question appartient au Pliocène, il cube environ 950 centimètres cubes, ce qui le met au niveau presque des crânes des races sauvages les plus infimes.

Une capacité cranienne de 900 à 1000 centimètres cubes correspond à un poids encéphalique d'environ 800 grammes, il l'emporte donc de 400 grammes environ sur celui des plus grands gorilles.

Les observations qui précèdent ont une réelle importance, car elles démontrent jusqu'à l'évidence que nous ne nous trouvons pas en face d'un animal anthropoïde, mais devant les restes fossiles de l'espèce humaine, d'un hominien.

C'est d'abord l'opinion d'un homme considérable, de Manouvrier, qui ne craint pas de dire :

« Pour ma part, j'avoue que je n'aurais pas hésité à placer le *Pithecanthropus* dans la famille des Hominiens, car une espèce jouissant de l'*attitude verticale,* de la marche bipède et d'un volume cérébral au moins double de celui des anthropoïdes à taille égale, est complètement de la famille des anthropoïdes et possède les caractères fondamentaux et distinctifs de la famille humaine. »

Donc le fameux chaînon n'est pas encore trouvé. Aussi nous ne pouvons admettre les lignes suivantes du professeur d'Iéna, car Ern. Hœckel devient trop affirmatif quand il ajoute : « tous les éléments fondamentaux de la généalogie des primates, depuis les plus anciens demi-singes (Lémuriens) de l'Eocène jusqu'à l'homme apparaissent clairement devant nos yeux, dans l'époque tertiaire, il n'y a plus là de « chaînon manquant » au moins essentiel. « L'Unité Phylétique du *Phylum* des primates jusqu'à l'homme est un fait historique. »

Pas si historique que cela, car un grand nombre d'anthropologues sont absolument d'un avis contraire à celui du professeur allemand.

Quant à nous, nous persistons dans notre croyance, à savoir : que ce n'est pas l'homme qui descend du singe, mais bien que celui-ci est le produit d'un accouplement monstrueux de l'homme.

Mais adopter une telle version est chose trop

simple pour être admise par de grands savants ; c'est là un fait trop vulgaire, or c'est précisément pour cela, que nous le croyons absolument vrai !...

Enfin voici un dernier argument que nous croyons excellent.

Puisque l'homme descend du singe, pourquoi celui-ci ne fournit plus, ne procrée plus d'hommes ?

Il manque un chaînon, dira le savant !

Fort bien, répondrons-nous, mais alors pourquoi le singe ne procrée-t-il pas le chaînon manquant et celui-ci l'homme. Car enfin s'il en a été ainsi dans le passé, pourquoi n'en est-il pas de même dans le présent !

Nous pouvons donc conclure : l'homme ne descend pas du singe, c'est absolument certain ; C. Q. F. D.

Passons à l'étude de LA FIN DE L'HUMANITÉ, et à celle des Continents disparus, par suite de cataclysmes Cosmiques.

CHAPITRE XXIII

LA FIN DE L'HUMANITÉ

Combien de fois des prophètes de malheur nous ont prédit la fin du monde, partant de notre humanité terrienne.

Voici un nouveau Jérémie mais bien sceptique, nous devons l'avouer : M. le marquis de Nadaillac qui, sous le titre de cette étude, vient nous donner des aperçus très curieux (1) que nous étudierons au point de vue psychique.

Son étude débute ainsi :

Tout ce qui a un commencement aura une fin !

Ceci nous paraît vraisemblable, aussi là n'est pas la question, mais bien de connaître, si possible, à quel moment aura lieu cette fin ?

---

(1) Brochure in-8º de 41 pages (*Extrait du* CORRESPONDANT, Paris, De Soye et fils, imprimeurs, 1897 (*non mise dans le commerce*).

D'après les travaux de M. Faye, de l'Institut (1), de M. Lapparent et du général Brialmont, la fin du monde serait relativement prochaine; elle surviendrait dans trois ou quatre cents ans. M. de Nadaillac n'y croit guère pour cette époque et nous sommes de son avis, aussi le félicitons-nous de n'être pas aussi pessimiste que les auteurs que nous venons de nommer.

Personnellement nous ajouterons, qu'il est peut-être très fâcheux que la fin du monde soit beaucoup plus éloignée, car si la *vie terrienne* n'existait plus, l'être humain, l'humanimal vivrait dans un autre milieu, dans un autre monde et serait probablement moins malheureux que sur cette terre, sur laquelle de grands besoins matériels rendent, en général, l'existence de l'homme si misérable !

Comment s'accomplira la fin de notre monde ?

Par la congélation, car, écrit un savant éminent : « Le soleil se condense et se contracte. Sa fluidité actuelle doit aller en s'affaiblissant. Il arrivera un moment où la circulation qui alimente la photosphère commencera à se ralentir; alors la radiation de chaleur et de lumière diminuera ; la vie végétale et la vie animale se resserreront de plus en plus vers l'équateur terrestre ; quand cette circu-

(1) *L'origine du Monde.*

lation aura cessé, la brillante Photosphère sera remplacée par une croûte opaque et obscure qui supprimera immédiatement toute radiation lumineuse. » D'où plus de chaleur, partant plus de vie, tout, la mer elle-même étant congelés.

Voilà une première fin, mais il y en a d'autres : Voici celle indiquée par M. Lapparent (1).

« D'après les données les plus récentes de la science, l'altitude moyenne de la terre ferme peut être représentée par un plateau uniforme dominant de 700 mètres le niveau de la mer. Ce plateau est l'objet d'incessantes attaques de l'Océan d'un côté, des agents atmosphériques de l'autre. Les rivières ne cessent de porter à la mer les menus débris de roches désagrégées par les alternatives de l'humidité et de la sécheresse, du froid et du chaud, de la gelée et du dégel. Cette action constante diminue chaque année la masse continentale dans une proportion que l'on a évaluée à plus de 10 kilomètres cubes (2).

« Il faut encore tenir compte de l'action dissolvante des eaux continentales chargées d'acide car-

---

(1) *Bulletin de la Société de géographie*, 1890, p. 472.
(2) Muray, *Scottish Geographical Magazine*. Nous nous demandons comment Murray a pu évaluer *exactement* le cube de ces destructions et celui de celles qui vont suivre ?

E. B.

bonique. D'après les études faites à l'embouchure du Mississipi, de la Tamise et du Danube, la quantité de matières en dissolution enlevées annuellement aux continents ne serait pas inférieure à 5 kilomètres cubes.

« Il est enfin un troisième facteur, l'ablation des falaises qui forment nos rivages, que M. Lapparent apprécie et qu'il porte à 3 mètres par siècle (c'est là un minimum). Il permet de conclure que tandis que les eaux courantes enlèvent à la terre ferme plus de 10 kilomètres cubes, la mer n'atteint pas même le dixième de ce chiffre (1).

« Ces chiffres réunis donnent un total de 15 à 16 kilomètres cubes enlevés chaque année à la masse continentale, et si l'on tient compte des dépôts sédimentaires qui viennent se loger au fond de la mer, l'altitude du plateau subit chaque année une perte de 155 millièmes de millimètre. »

M. de Nadaillac a soin d'ajouter que ces calculs

---

(1) M. Lapparent nous donne les éléments de ce calcul. Il admet 50 mètres comme la hauteur moyenne des falaises. 200.000 kilomètres comme longueur des côtes (Elisée Reclus, *Les Continents*). Appliquant ces chiffres à ceux qui expriment la superficie, aujourd'hui bien connue, de la terre, on trouvera que la perte admise de 1.500 mètres cubes par kilomètre et par an, donnera 300 millions de mètres cubes, soit journellement trois dixièmes de mètre cube environ.

ne peuvent être qu'approximatifs ; nous sommes absolument de son avis, nous ajouterons même qu'ils sont faux, car enfin si les falaises s'abaissent, les fonds de la mer se relèvent un peu moins, nous le voulons bien, mais enfin ils s'élèvent assez pour un jour transformer la mer en collines, puis en montagnes et les rôles sont renversés, voilà tout.

Mais M. de Nadaillac veut les supposer exacts pour conclure en disant que « si les agents actuels continuent leurs actions dans des conditions semblables à celles dont nous sommes témoins, il faudrait quatre millions et demi d'années pour raboter complètement la surface de la terre, entraîner l'inévitable submersion des continents et mettre fin sur notre globe à toute vie végétale ou animale. »

On voit par les lignes qui précèdent que nous pouvons encore revenir plusieurs fois sur la terre avant d'être témoins dans une incarnation quelconque, de la fin de l'humanité.

Toutefois, ajoute notre auteur :

« Il n'en serait pas de même, si les conclusions présentées par le général Brialmont de l'Académie royale de Belgique étaient fondées (1). Dans un pe-

---

(1) *Classes des sciences*, 16 décembre 1896.

tit nombre de siècles, trois ou quatre au plus, l'homme se trouverait en face des problèmes les plus redoutables de tous ceux qui ont marqué son existence, dus cette fois non à des agents sur lesquels il ne peut exercer une action, mais à sa seule initiative, à sa volonté. L'accroissement de la population du globe est aujourd'hui si *rapide* (1), que si elle devait continuer dans les mêmes proportions, l'étendue des terres cultivables ne suffirait plus à sa subsistance et à celle des bestiaux indispensables à ses besoins. Le résultat ultime des progrès dont nous sommes si fiers, serait donc l'anéantissement de la race humaine, le retour à la barbarie des survivants et cela, je le répète, dans quelques siècles à peine. »

Ce qui précède nous paraît empreint d'une grande exagération. D'abord l'accroissement de la population n'est pas tellement rapide, qu'il y ait lieu de s'en préoccuper d'ores et déjà ; les guerres, les épidémies, le surmenage, etc., sont là pour empêcher le cannibalisme supposé par le brave général belge ? quant aux *bestiaux indispensables aux besoins de l'homme ;* on peut admettre que la machinerie, les moteurs mécaniques et l'alimentation

---

(1) Beaucoup de sociologues soutiennent le contraire.

végétarienne ou chimique de l'homme lui permettront de se passer du concours des animaux pour quoi que ce soit. Un peu plus loin du reste, nous reviendrons sur l'alimentation de l'homme et nous poursuivrons ici le dépouillement de la brochure de M. de Nadaillac : « L'homme, dit-il, a certainement vécu sur la terre depuis plus de dix mille ans. Les découvertes qui se renouvellent chaque jour apportent les preuves les plus sérieuses à l'appui de ce chiffre ; elles permettent même d'affirmer que c'est là un minimum et qu'il serait difficile, avec un nombre aussi restreint de siècles, de remonter jusqu'aux contemporains du grand tigre et du grand ours, jusqu'aux troglodytes n'ayant pour habitation que les cavernes creusées par les eaux ; pour armes et pour outils, que quelques cailloux grossièrement taillés. »

Ici l'auteur nous parle de la population du globe dans l'Antiquité et des fléaux qui, pendant le Moyen-Age, décimèrent l'Europe, l'Asie et l'extrême-Orient.

Puis vient une question de population dans laquelle nous ne saurions entrer, nous nous bornerons seulement à en détacher la population de la France à différentes époques, ce qui peut intéresser certainement nos lecteurs.

Au temps de César, la Gaule comptait...	6.700.000
Sous les Antonins...	8.700.000
Sous Charlemagne, la France avait....	8 à 9.000.000
Au début du xiv⁰ siècle...	22.000.000
Sous Charles IX...	20.000.000
A la mort de Louis XIV...	18.000.000
Sous Louis XVI...	26.000.000
En 1801...	27.000.000

Dans le § III de sa brochure, l'auteur étudie les progrès au xix⁰ siècle, l'accroissement de la population, la natalité en Europe, d'après le général Brialmont, la mortalité, la durée moyenne de la vie humaine, sa prolongation. Le même général fournit une statistique sur ce qu'ont coûté d'hommes, les guerres modernes.

« Les grandes guerres de la première République et de l'empire ont coûté, à l'humanité, dit le général Brialmont, 5 millions d'hommes ; la guerre de Crimée 750.000, celle d'Italie de si courte durée, 45.000 ; la guerre de Sécession, en Amérique, 232.090 ; la guerre entre l'Autriche et la Prusse, terminée par la bataille de Sadowa, 45.000; nos tristes guerres de 1870, 315.000 hommes et au sujet de celles-ci, une suite nous informe que ce chiffre n'est pas exagéré, que les décès pour les quatre années qui ont précédé la guerre se sont élevés en moyenne à 878.000 ; or, 1870 en a donné 1.046.909 et 1871, 1.271.010 décès, soit pour les deux années une augmentation de 461.919 qui représentent approximativement pour la France, le total des victimes de la guerre. Il faut ajouter les pertes des Allemands non moins considérables que les nôtres.

Le général Brialmont ne compte que ceux qui sont morts sur les champs de bataille.

Dans les §§ IV et V, M. de Nadaillac étudie la population du globe, puis parlant de la science moderne, il vient à dire qu'avec le progrès incessant « il ne paraît pas exagéré de porter au double, au triple même, le nombre d'hectares cultivables et leur produit à un taux supérieur au produit actuel, alors qu'arrivera l'échéance fatale annoncée par le général Brialmont. Que deviennent les calculs précis qu'il donne et comment les discuter dans l'ignorance complète où nous sommes des nouvelles conditions d'existence qu'apportera l'avenir ? »

On ne saurait mieux dire, mais les lignes précédentes démolissent absolument toute prévision possible de la fin du monde.

Si nous poursuivons le dépouillement de la brochure, nous y voyons que l'auteur s'occupe de la question des combustibles, question dont nous

nous sommes beaucoup occupé nous-même dès 1870 (1).

Et l'auteur nous dit : « L'inégalité entre l'accroissement de la population et l'accroissement des forces productives du sol, n'est pas le seul danger qui menace l'humanité. Dans un temps assez prochain peut-être, le combustible fera défaut. Les forêts seront depuis longtemps défrichées, souvent avec une coupable imprévoyance (2). Partout où le nombre d'hommes augmente, elles disparaissent rapidement, et déjà l'on peut prévoir l'épuisement des houillères ou des gisements de pétrole qui ne se reconstituent pas ou qui se reconstituent avec la plus extrême lenteur. La consommation

---

(1) Dans un volume technique : TRAITÉ COMPLET *théorique et pratique de la Tourbe*. 1 vol. in-8 avec figures. Librairie Polytechnique de Baudry, Paris, 1870.

(2) L'Industrie contribue largement à cette destruction. Pendant le cours de l'année 1896, pour n'en donner qu'un exemple, la France et l'Angleterre avaient manufacturé plus de 400.000 tonnes de pâte chimique de papier, avec des bois importés de Suède et de Norvège. Ce chiffre représente le rendement en cellulose, de pins ou sapins âgés au moins de 30 ans. Un pin de 35 à 40 ans ne peut fournir plus de 150 kilogrammes de pâte, propre à la papeterie. On peut juger par ce détail de l'immense destruction des conifères. Avec une semblable consommation, toutes les forêts de l'Europe auront disparu en un demi-siècle (Urbain, *Les succédanés du papier*). On peut consulter sur le passé, Alfred Maury, *Les Forêts de l'ancienne Gaule*. Le reboisement des pentes dénudées de nos montagnes est une nécessité qui s'impose à bref délai.

du charbon s'accroît dans de formidables proportions ; de 1800 à 1860, elle est montée en Angleterre de 10 millions à 108 millions de tonnes; elle s'élève actuellement à 170 millions, et si les progrès de l'industrie continuent tels que nous les voyons aujourd'hui, dans un demi siècle la consommation annuelle approchera de 300 millions (1). Il est évident qu'avec une semblable consommation, les gisements de houille seront épuisés ou inexploitables dans un délai assez court. Les savants discutent sur le terme fatal. Jevons et Price Williams parlent d'un siècle (2) Cette période paraît trop limitée à Hull et, dans un travail sur les houillères de la Grande-Bretagne, il estime que si l'on descendait à 4.000 pieds de profondeur (3), on pourrait extraire dans la seule Angle-

---

(1) Ou s'abaissera de 10 à 15 millions de tonnes seulement par suite d'un nouveau combustible, l'électricité, par exemple, dont les moteurs producteurs sont alimentés aujourd'hui par la houille ou les chutes d'eau. La houille sera un jour remplacée non seulement par la tourbe, mais peut-être par les détritus des villes avec lesquels on fera des sortes de charbons agglomérés par suite de leur compression avec de puissantes machines.
E. B.

(2) Voir ce que nous disons au sujet de l'épuisement de la houille dans notre *Traité* de la Tourbe ; 1 vol. in-8 avec figure, Paris. Librairie Polytechnique, J. Baudry, 1870.

(3) Environ 1.250 mètres.

terre 140 milliards de tonnes et assurer la consommation à raison de 300 millions de tonnes pendant quatre siècles et demi.

L'exploitation des houillères dans de semblables conditions peut-elle être fructueuse? Nous ne le pensons pas. La ventilation et l'épuisement des eaux seraient trop onéreux et le grisou deviendrait une menace perpétuelle sous la pression à laquelle il serait soumis. Mais la science est loin d'avoir dit son dernier mot et ce qui, au point de vue scientifique ou économique, est à peu près impossible aujourd'hui, deviendra facile dans l'avenir avec les ressources qu'elle saura créer, avec les procédés nouveaux dont elle saura très probablement doter l'humanité. »

Combien existe-t-il dans la nature de forces inutilisées ou incomplètement utilisées ? Ces forces seront les moteurs de l'avenir, les sources du mouvement et de la chaleur. Le vent, les chutes d'eau, les marées, l'aither même deviendront les serviteurs de l'homme et faciliteront sa marche en avant. Qui donc se doutait, il y a bien peu d'années encore, du parti que l'on pouvait tirer des célèbres chutes du Niagara?

Depuis le 1ᵉʳ octobre 1896, le problème est résolu, on utilise déjà ou on utilisera dans quelques mois, une force de 25.625 chevaux (1). Ce n'est là évidemment qu'un faible début, la transmission de la force à distance est encore à peine connue et le Niagara est un réservoir inépuisable (2).

Ce que le Niagara fait pour l'Amérique du Nord, le Nil peut le faire pour l'Egypte. M. Prompt, inspecteur général des ponts-et-chaussées, propose de se servir des cataractes comme générateurs d'électricité. Le projet, paraît-il, est très exécutable et déjà on peut prévoir les filatures, les sucreries, les irrigations si importantes dans le pays, mues par ce nouveau moteur (3).

Il faut, dit un chimiste éminent, utiliser la chaleur centrale de notre globe. Cette dernière peut être captée en creusant des puits de 3 à 4.000 mètres de profondeur, ce qui n'est peut-être pas impossible pour les ingénieurs de nos jours, ce qui ne le sera assurément pas pour les ingénieurs de l'avenir. L'eau atteindrait au fond de ces puits une température élevée et développerait une puissance

---

(1) RANKINE, *Electrical Engineer*, *Nature*, 6 mars 1897.
(2) On s'occupe également, de l'autre côté de l'Atlantique, d'utiliser le Saint-Laurent qui, dans le Comté Masséna, présente des chutes mesurant plus de 16 m.
(3) Correspondance du *Times*, mars 1897.

motrice d'une force immense, ressource suprême de l'humanité.

M. Berthelot ne s'arrête pas dans cette voie féconde, dans ces espérances réalisables peut-être, dans un avenir plus ou moins éloigné, il s'engage dans le pays des chimères d'où l'on ne peut revenir. « Le jour, continue-t-il, où l'énergie sera fournie économiquement, on ne tardera pas à obtenir de nouvelles substances alimentaires (1), à fabriquer des aliments de toutes pièces avec le carbone emprunté à l'acide carbonique, avec l'hydrogène et l'oxygène pris à l'eau, avec l'azote tirée de l'atmosphère ». Je doute fort, dit M. de Nadaillac, que les amis socialistes ou collectivistes du savant Secrétaire perpétuel de l'Académie des sciences acceptent volontiers le menu qu'il leur prépare : « Une petite tablette de matière azotée, une petite motte de matière grasse, un petit morceau de fécule ou de sucre et un petit flacon d'épices, le tout exempt de microbes pathogènes. »

Accepteront-ils plus volontiers l'avenir qu'il leur

(1) « La science, observe le général Brialmont, est parvenue à extraire des minéraux, la glucose et les corps gras, pourquoi n'en extrairait-elle pas la matière du blé qui se compose d'amidon, de cellulose et de gluten dont les éléments constitutifs sont le carbone, l'hydrogène et l'azote. » (*Loc. cit.* p. 921.)

annonce ? « Quand la chimie aura accompli dans le monde cette révolution, disait-il dans un banquet récent (1), il n'y aura plus ni champs couverts de moissons, ni vignobles, ni prairies remplies de bestiaux ; l'homme gagnera en douceur et en moralité, parce qu'il cessera de vivre par le carnage et la destruction des créatures vivantes. Il n'y aura plus de distinctions entre les régions fertiles et les régions stériles. Peut-être même que les déserts de sables deviendraient le séjour de prédilection des civilisations humaines, parce qu'ils seront plus salubres que ces alluvions empestées et ces plaines marécageuses engraissées de putréfactions qui sont aujourd'hui le siège de notre agriculture. La terre deviendra un vaste jardin arrosé par l'effusion des eaux souterraines où la race humaine vivra dans l'abondance du légendaire âge d'or. »

« Ajoutons, dit M. de Nadaillac, que ces temps merveilleux approchent ; c'est en l'an 2000, dans un peu plus d'un siècle que ceux qui nous remplaceront en verront naître l'aurore. Il ne s'agit que de découvrir une chimie nouvelle qui change la

---

(1) Banquet des chambres syndicales des produits chimiques, avril 1894.

nature de l'homme aussi profondément que la chimie actuelle transforme de plus en plus la nature matérielle. On a souvent dit que le génie était voisin de la folie ; en serait-il de même de la science qui ne croit qu'en elle-même ? »

Pour nous, nous supposons que, par suite d'un entraînement, par un changement dans sa manière de vivre, l'homme n'aura plus besoin de satisfaire à un tas de besoins qui lui sont aujourd'hui choses indispensables. Il faut espérer qu'en se dématérialisant un peu, l'homme vivra d'une manière différente de celle d'aujourd'hui ! Saint Paul n'a-t-il pas dit : « Vous ne mourrez pas tous, mais tous vous serez changés ! »

Tel est également notre sentiment.

Ce que l'homme peut acccomplir par la force de sa volonté est absolument incroyable. Aussi faut-il espérer qu'un jour plus conscient de sa mission sur la terre, il saura vivre d'une toute autre manière que de la vie presque animale qui semble être aujourd'hui son partage.

Pour ne mentionner qu'un exemple de ce que nous avançons nous donnerons ici un court passage d'un de nos récents travaux qui prouve ce que peut l'homme par le seul effet de sa volonté ; nous voulons parler de la suppression prolongée de la respiration, voici ce que nous disons dans un de nos ouvrages (1) :

« Avec le présent chapitre, nous abordons une des plus hautes questions de l'Esotérisme, car nous y étudions la suppression des souffles.

Il y a cinq phases qui permettent la suppression des mouvements respiratoires ; ce sont : *Prâṇâyâma*, *Pratyâhâra*, *Dharana*, *Dhyâna* et *Samadhi*.

Quand les yogis peuvent se tenir deux heures consécutives dans deux principales postures (*Padamâsa* et *Sidhâsana*), ils peuvent commencer à entreprendre le *Prânâyama*, phase de trance volontaire qui est caractérisée par une transpiration abondante, des frissons nerveux qui parcourent tout le corps et un sentiment de légèreté excessive dans tout l'être, qui fait éprouver au Yogi une sorte de dégagement astral à l'état latent.

Après la phase *Prânayâma*, vient celle de l'auto-magnétisation dite *Prâtiâhâra*, durant laquelle, les fonctions sensorielles sont totalement suspendues.

Après le *Prâtiâhara*, le yogi pratique le *Dhârâna* : dans cet état, il médite ses actions mentales, les fond dans Atma et s'élève au-dessus d'elles.

---

(1) Page 109 du Livre des Respirations ou Traité de l'art de respirer. 1 vol. in-18 avec figures, Paris, Chamuel, éditeur, 1899.

Dans cette nouvelle phase, la sensibilité et le mouvement volontaire n'existent plus et le corps peut prendre et conserver telle posture qu'on lui donne ; c'est l'état de catalepsie, après lequel les Yogis arrivent à celui de *Dhyânâ* qui est une phase de haute auto-magnétisation, dans laquelle ils sont, disent-ils, plongés dans une lumière brillante, sans fin et omnipénétrante dénommée en sanskrist : *Ananta-Jyoti*, qui ne serait autre que l'*Aither*, l'*Akasa* ou l'âme universelle.

Dans cet état, le Yogi est clairvoyant, c'est-à-dire possède la double vue.

Une des méthodes pour produire l'auto-magnétisation est dénommée *Prânapanayoga*; elle consiste dans l'absorption réitérée du même air.

Enfin le dernier stade de l'auto-trance du Yogi, est un état dit de *Samadhi* dans lequel il peut vivre sans air, sans manger, ni boire. Dans cet état, l'esprit s'absorbe dans l'objet de ses recherches ou en lui-même, dans son âme, dans sa conscience et s'il ne peut s'absorber ainsi, il se forge en son mental un objet propre à fixer son attention.

Un Yogi en *Samadhi* est dans un état tel qu'il considère toute chose avec un œil indifférent.

Il y a deux genres de *Samadhi* respectivement dénommés *Samprajna* et *Asamprajna*. Dans le premier état, on peut, à volonté, non seulement suspendre, mais arrêter même les mouvements du cœur et des artères, mourir et expirer à son gré, puis revenir à la vie.

Dans l'*Asamprajna*, le Yogi ayant la langue retournée dans la gorge (pharynx) ne peut revenir à la vie, qu'avec l'aide et l'assistance d'une personne étrangère.

The Theosophist nous apprend que dans les vingt-cinq dernières années écoulées, il y a eu trois cas de *Samadhis* ou hivernage humain ; l'un à Calcutta, un second à Jesselmère, et le troisième dans le Penjab. Le Dr Nabin Chinder Paul, nous dit avoir été témoin oculaire du premier cas, celui de Calcutta...

Abordons maintenant le Prânâyâma. Qu'est-ce que le Prânâyâma ? Si nous ouvrons le *Dictionnaire d'Orientalisme*, à ce mot, nous y lisons :

Exercice pratiqué par le Yogi ; il consiste à retenir son souffle d'abord quelques secondes, puis quelques minutes, enfin par un long entraînement, quelques heures.

Le Yogi s'entraîne au Prânâyâma pour accomplir l'exercice de la mort apparente, ce qu'on dénomme en Occident, *Anabiose*, c'est-à-dire suspension complète des fonctions vitales. Quand le Yogi peut pratiquer à volonté le Prânâyâma, on lui fait sous la langue une incision qu'on élargit un peu chaque semaine, ce qui, au bout d'un certain temps, lui permet de retourner sa langue dans le gosier, de manière à fermer, à boucher l'arrière-gorge.

Les pratiques du Prânâyâma sont accompagnées d'ablutions, de massages, de prières ; enfin le Yogi ne doit consommer que des végétaux pour son alimentation, et ne prendre aucune médication. Le jour de l'expérience anabiotique arrivé, le Yogi se nettoie l'estomac, s'étend sur une toile, sur un drap, puis se recueillant, il s'hypnotise en fixant le bout de son nez avec ses yeux : enfin, il retourne sa langue dans son gosier et tombe en catalepsie.

Alors, les assistants lui bouchent tous les orifices du corps avec de la cire vierge, et l'on enferme ce cadavre vivant dans un cercueil qu'on dépose dans un caveau, dont la pierre fermant l'ouverture horizontale est recouverte de terre et ensemencée de gazon.

Au bout d'un temps déterminé, 20, 30, 50 ou même 60 jours après cet enfouissement, on ouvre le cercueil, et le Yogi est ramené à la vie, à la suite de diverses opérations décrites dans le volume cité.

Les lignes qui précèdent démontrent donc ce

que l'homme peut obtenir par suite d'entrainement; cette digression démontre également que le scepticisme de M. de Nadaillac est aussi un peu hors de saison.

Ceci dit, revenons à son travail intéressant, à sa conclusion, nous la donnerons presque *in extenso*, tant nous la trouvons remarquable dans son ensemble. « Quelles sont les conclusions que comporte ce travail ? Nous savons mal le passé, nous savons à peine le présent, nous ignorons complètement l'avenir, et c'est sur des chiffres plus ou moins sérieux, des données plus ou moins exactes, qu'il nous faut les établir. Nous avons parlé des espérances ambitieuses que nous pouvions concevoir. Qui peut dire que ces espérances se réaliseront ? Qui peut dire ce que seront les siècles futurs ? Qui peut dire que les progrès dont nous sommes si justement fiers, ne se changeront pas en régressions ? Qui peut dire que notre civilisation, qui a créé la richesse et qui, par un juste retour, s'est développée avec elle et par elle, ne se transformera pas, tout au moins pour certains peuples et pour certains pays, en destruction et en barbarie ? Sans doute, il n'est plus de ces légions sorties de régions inconnues, devant lesquelles les empires s'écroulaient, les peuples périssaient. Mais les barbares ne sont-ils pas au milieu de nous ? Ne sommes-nous pas en présence de la grande lutte de ceux qui n'ont pas contre ceux qui ont, lutte plus savante, mieux organisée qu'elle ne l'a été à aucune autre époque de l'histoire ? Faut-il rappeler les Jacques de la France, les Anabaptistes en Allemagne ? Faut-il dire ce que nous avons hélas ! vu de nos yeux ; les Parisiens brûlant, avec méthode, leurs monuments, détruisant eux-mêmes leur cité sous les yeux du vainqueur ? Ni les progrès de l'aisance générale, ni les progrès de l'instruction, ni la vie plus facile et plus confortable, ni la liberté portée à des limites extrêmes, n'arrêtent la marche du fléau (1). Supposons ces barbares, le nom n'est que trop juste, maîtres d'un pays, d'une région, d'un continent même, quelle dévastation, quelles ruines n'entraînerait pas leur victoire ? Il faudrait des années, des siècles peut-être, pour effacer les traces de leur éphémère puissance, et il n'est pas difficile de prévoir l'action qu'elle exercerait sur le mouvement de la population (2).

« Le danger n'est cependant pas aussi grave, à ce

(1) L'évolution de l'individu marque celle des groupes, celle des groupes celle de l'humanité ; telle est la marche de l'évolution du progrès.

(2) M. le marquis nous paraît ici un peu *beaucoup* paradoxa₁

dernier point de vue, que nous pouvons le supposer.

« Avec les prodigieux moyens dont dispose la société moderne, le passé d'un peuple, ses travaux et ses gloires ne peuvent complètement disparaitre, comme l'histoire le montre pour les grands empires d'antan. Si longue et si dure que soit la tempête, si terrible qu'elle se montre pour les peuples condamnés à la subir, le calme finira par renaître, le mouvement démographique reprendra son niveau, et cette société, si éprouvée, en se reconstituant avec de nouveaux éléments, reviendra à ses anciens éléments.

« J'ai montré que, grâce aux progrès de la science, grâce aux progrès de l'industrie, les grandes famines, les grandes épidémies, les guerres même

---

et ne vivre que dans son *milieu d'aisance, de vie plus facile et plus confortable.*

Jamais, à aucune époque, la misère noire, l'exploitation du pauvre, le déni de justice envers lui, n'a causé autant de ruines, autant de suicides.

Que les classes dirigeantes et monopolisatrices aient jamais été aussi riches, aussi millionnaires qu'aujourd'hui, nous l'admettons. Mais il y a beaucoup de gens, les exploités et les volés, les égorgés par les tribunaux, qui trouvent que tout est loin d'être pour le mieux dans le meilleur des mondes possibles, les spiritualistes trouvent qu'il reste beaucoup à faire pour arriver au temps que M. le marquis croit si prospère pour tous.

de longue durée, n'étaient plus à craindre. Ceux qui nous remplaceront n'ont donc à redouter que des perturbations partielles, redoutables pour un moment, mais qui ne peuvent amener que bien rarement, si même elles l'amènent, la dépopulation d'un pays comme les crises terribles qui ont marqué le passé de l'humanité.

« La thèse du général Brialmont se justifie donc dans une certaine mesure. Elle se résume en quelques mots. Dans la constitution de l'humanité telle qu'elle existe, la progression de la population est illimitée et comme, au contraire, la superficie des terres cultivables est essentiellement limitée, il arrivera forcément un moment où il faudra constater un déficit de production à côté d'un excédent de population et où la terre, par conséquent, ne pourra plus nourrir ses habitants.

« C'est là un péril que ne soupçonnaient guère ceux qui nous ont précédés. L'accroissement de la population était regardé comme la force et l'honneur d'un Etat. Le Parlement de Paris disait à Louis XI, dans des *Remontrances* restées célèbres : « La gloire du roi est dans la multitude du peu« ple ». Plusieurs siècles plus tard, Frédéric-le-Grand écrivait dans le même esprit : « Le nombre « des peuples fait la richesse de l'Etat. » Nul ne pensait que l'excès de la population pût jamais devenir un danger. Un démagogue anglais, Godwin, soutenait, à la fin du siècle dernier, que la population du globe pouvait croître pendant des milliers de siècles encore, sans que la terre ne cessât de suffire à la nourriture de ses enfants (1) ; de nos jours, un économiste éminent, Bastiat, estimait que la densité croissante de la population équivalait à une facilité croissante de la production.

« M. Thiers, enfin, dans un ouvrage qui eût son heure de célébrité (*De la propriété*, Paris, 1848) disait : « Si l'on pouvait imaginer un jour où
« toutes les parties du globe seraient habitées,
« l'homme obtiendrait sur la surface du globe, dix
« fois, cent fois, mille fois plus qu'il ne recueille
« aujourd'hui... L'espèce humaine finira, glacée
« ou brisée, n'ayant encore mis en culture que
« la moindre partie de l'univers qu'elle occupe. »

« Des observations plus précises, plus conformes à la science moderne, permettent de modifier ces conclusions en ce qu'elles ont de plus absolu.

« Si l'accroissement de la population se main-

---

(1) *On population, on Enquiry concerning the Power of Increase in the Number of Mankind in answer to M. Malthus* ; London, 1820. — Godwin réfuta vivement les théories de Malthus.

tient sur le globe aussi rapide qu'elle l'est depuis un siècle en Europe, il arrivera forcément un temps où la terre ne pourra plus nourrir cette population débordante. C'est là un axiome qui n'a pas besoin d'être démontré. »

Nous ne saurions partager cette idée ; loin d'être un axiome, ceci n'est qu'une hypothèse, au contraire, qui serait à démontrer, mais poursuivons : « A quel moment arrivera ce terme fatal ? Je ne suis d'accord avec le général Brialmont, ni sur le nombre de siècles qui précèderont ces crises suprêmes, ni sur l'étendue de la surface arable qui, selon qu'on la calcule, avancera ou reculera ce terme. Pour moi, je crois l'avoir prouvé, le nombre des siècles comme l'étendue du sol cultivable sont bien plus considérables que ne le pense l'éminent membre de l'Académie Royale de Belgique. Je ne possède que des données trop incomplètes et trop incertaines pour établir scientifiquement mon opinion, mais il en est de même pour le général Brialmont. Le champ des hypothèses est vaste ; celui des faits appuyés sur des preuves sérieuses est autrement restreint. Le premier seul nous est ouvert, et c'est à l'aide d'hypothèses accumulées que nous arrivons à une conclusion. « Il est certain, je le répète, que si la population du globe continue à s'accroître dans les proportions que nous voyons, si les conditions actuelles des sociétés humaines se maintiennent, il arrivera fatalement un moment où la terre sera inhabitable pour ceux appelés en trop grand nombre à la peupler.

« Mais qui peut dire si les conditions actuelles de nos sociétés se maintiendront, qui peut dire si d'autres conditions moins favorables à la progression démographique ne les remplaceront pas et s'il ne faudra pas modifier profondément les conclusions qui découlent de ce qui est aujourd'hui.

« Sans doute rien ne permet de prévoir le retour de cataclysmes lents ou rapides, mais probablement très lents qui ont marqué les temps géologiques. Les fléaux qui ont joué un rôle considérable dans les âges écoulés ne seront plus, autant que nous pouvons le présumer, que partiels et limités, par conséquent sans importance durable sur le mouvement de la population si souvent et si durement éprouvée par eux. En dehors des phénomènes géologiques ou météorologiques inconnus, en dehors des crises sociales que notre génération a si imprudemment préparées, est-il un obstacle à cette progression de la population, que l'on nous dit, avec raison, si redoutable ?

« Est-il surtout un remède à y apporter ? La

question n'intéresse ni nous, ni nos descendants immédiats, ni même les générations nombreuses appelées à nous remplacer dans cet avenir qui nous est caché ; mais sa portée philosophique est considérable, il convient donc de l'étudier.

« Pour les Ecoles Socialistes ou économiques, le problème de l'alimentation, l'équilibre entre ces deux facteurs, la population et la subsistance ne se résoudront que par la restriction de la natalité, à son défaut par l'accroissement de la mortalité, résultat trop certain de la misère générale.

« Les Sociétés Communistes n'ont pu et ne peuvent se maintenir qu'en limitant le nombre des enfants et des vieillards, fardeau trop lourd pour elles, et tel serait leur rôle dans l'avenir. Un des chefs les plus autorisés de l'Ecole allemande écrivait il y a quelques années. « Aucun système socialiste ne peut durer, s'il ne commence par limiter le nombre des naissances (1). » Il est juste cependant d'ajouter que les diverses Ecoles ne sont pas d'accord sur ce point. Quelques-unes, en très petit nombre, il est vrai, le repoussent. Aux yeux d'un de leurs célèbres théoriciens, Henry

---

(1) Adolf Wagner, *Grundlegund der Politischen Œconomie*, Leipzig, 1878.

George, la propriété est surtout illégitime, parce qu'elle entrave la progression de la population.

« Les économistes ne sont pas moins explicites ; tous sont d'accord avec les Socialistes allemands. « L'humanité se trouve donc acculée à ce dilemme, dit le général de Brialmont : entraver son développement par des moyens préventifs et des moyens de destruction, ou se résigner à voir cet effet se produire par la misère, en vertu de ce principe que la population se proportionne toujours aux moyens de subsistance ».

« C'est là un retour aux Théories de Malthus, mais dont il a toujours, paraît-il, répudié la paternité. Au moment, d'ailleurs, où il les promulguait, l'Angleterre subissait une crise redoutable, qui troublait tous les esprits. L'industrie humaine naissait, « fille de l'homme enfantée comme l'homme lui-même, dans la douleur », a-t-on dit avec éloquence. La loi des pauvres produisait de criants abus, des générations d'assistés tendaient vers l'Etat leurs mains insatiables ; la misère était partout. C'est sous l'impression du triste spectacle qu'il avait sous les yeux que le célèbre économiste anglais écrivait son traité (1).

(1) *An Essay on the principle of population ; or a view of its post and present Effects of human Happiness.* 1798, 2 vol.

« Un membre éminent de l'Académie des sciences morales et politiques espère que les pays fortement peuplés suivront l'exemple de la France, où le paupérisme décroît par l'effet de la natalité, conséquence assurée du morcellement du sol et de l'accroissement des richesses.

« Nous inclinons à penser, dit M. Levasseur, que plusieurs nations, probablement parmi les plus denses et les plus riches, verront quelques jours comme la France leur croissance se ralentir d'une façon continue et le mouvement de la population se rapprocher de l'état stationnaire, peut-être à cette époque, si l'esprit humain n'est plus hanté par le cauchemar de la guerre, les démographes s'accorderont-ils à louer ce ralentissement comme un grand progrès de la prévoyance humaine. »

Nous ne nous arrêterons pas aux rêveries d'Émile Lavelaye auquel, de son vivant, l'Ecole libérale belge avait prétendu faire une grande réputation : « Les hommes trop nombreux, dit-il, seront-ils réduits faute de vivres à s'entre-dévorer? Non, notre race trouvera son salut dans le véritable progrès, qui peut se résumer en ces mots : plus de lumière, plus de vertu, plus de justice. Plus de lumière fera

in-4°. Dans les éditions successives de son livre, Malthus a apporté à ses théories d'importantes atténuations.

prédominer la vie de l'esprit sur celle de la brute qui est en nous. Plus de vertu produira plus de continence et plus de prévoyance. Plus de justice enfin, assurant à chacun pleine possession de son travail, généralisera la propriété, antidote éprouvé contre l'excès de la multiplication de notre espèce. »

« Nous sommes tentés de répéter pour Herbert Spencer, ce que nous venons de dire pour Lavelaye, quand le globe sera entièrement habité, quand il sera cultivé aussi bien qu'il peut l'être dans toutes ses parties habitables, quand l'intelligence et les sentiments nécessaires à la vie sociale seront développés, l'abondance de la population, selon le philosophe anglais, aura accompli sa mission, et cessera graduellement. A coup sûr, ni Laveleye, ni Herbert Spencer ne peuvent nous dire par quels moyens l'homme pourra atteindre l'état social qu'ils rêvent.

« Ainsi donc, le seul remède indiqué par les Ecoles aujourd'hui dominantes à un état si inquiétant dans un avenir qu'elles disent prochain, est la stérilité voulue ou imposée. « Cette limitation, dit le général Brialmont (1), n'est que l'application

---

(1) *Loc. cit.*, page 906.

sous une autre forme d'une loi de la nature, en vertu de laquelle chaque espèce du règne animal a pour ennemies une ou plusieurs espèces qui limitent le développement, afin d'empêcher qu'aucune d'elles ne finisse par couvrir la terre. L'homme n'a pas à combattre une espèce animale qui le haïsse intimement. L'unique ennemi de l'homme est l'homme lui-même. »

« Certains économistes vont même plus loin. Ils veulent voir dans cette stérilité volontaire une preuve de civilisation supérieure. Ils louent avec un certain cynisme les Français, d'avoir devancé les autres peuples dans cette voie. Ils disent déjà reconnaître le même fait aux Etats-Unis et ils croient en distinguer les symptômes prémoniteurs en Angleterre, en Allemagne, en Belgique, au Japon, dans d'autres pays encore où le taux de la natalité s'abaisse périodiquement. Je ne puis m'associer à cette opinion. Je conteste même les faits sur lesquels ses défenseurs prétendent l'appuyer.

« J'ai montré souvent les dangers qui menacent un pays où la natalité s'arrête, où il meurt plus d'hommes qu'il n'en naît. Malheureusement, nous en voyons chaque jour en France les effets. Les relevés annuels témoignent de sa gravité. Depuis un demi-siècle, le mal sévit avec une intensité toujours croissante et, dès 1867, Broca prévoyait que le moment approchait où le nombre des naissances serait inférieur à celui des décès. Ce qui était alors l'avenir est devenu le présent. Dans certains de nos départements, la proportion est considérable ; dans l'Eure, il y a deux naissances pour trois décès. L'Orne, l'Aube, la Côte-d'Or, le Lot, le Gers, le Lot-et-Garonne sont dans une situation à peu près semblable. Dans quelques cantons, on ne trouve même qu'une naissance pour deux décès (1). Quand on parcourt les rues des villages, on est surpris du petit nombre d'enfants qui y jouent ; quand on consulte les registres scolaires, on comprend mieux toute l'étendue du mal. Est-ce là ce que les économistes appellent les progrès de la civilisation ? Hélas, c'est son déclin qu'il faut dire. Le progrès est la vie ; il ne peut être la mort. L'histoire, si nous la consultons, en donne de nombreux exemples. C'est ainsi que disparurent les grands Romains, qui partis d'un coin du Latium, soumirent toute la terre alors connue. C'est ainsi que disparaîtra notre race aimable et spirituelle, sociable et humaine, avec ses grandes qualités et ses grands défauts, emportant avec elle nos gloires et

(1) Rapport présenté par l'Office du travail au Ministère du Commerce sur le mouvement démographique en 1895.

nos grandeurs, nos espérances et nos ambitions. La destruction d'une race peut-elle être, je le demande de nouveau, un triomphe de la civilisation ?

« Le fait du ralentissement de la natalité est-il vrai pour d'autres nations, comme les économistes se plaisent à le proclamer ? Il est difficile de l'affirmer ou de le nier pour les Etats-Unis où il n'existe pas de relevé annuel du mouvement de la population et où le recensement décennal est faussé dans les conclusions qu'il comporte par le nombre des immigrants entraînés chaque année de l'autre côté de l'Atlantique, par l'espoir si souvent déçu d'une fortune rapide.

« Le relevé des naissances durant les dernières années connues montre qu'il n'en est rien pour les autres pays que l'on cite. Les races slaves et anglo-saxonnes ont conservé leur vigoureuse natalité (1); elles sont destinées à submerger les races

---

(1) Il faut remarquer qu'en Espagne et en Italie, la race latine a conservé toute sa vigueur. Le relevé des naissances et l'accroissement de la population, malgré les circonstances si difficiles que ces deux pays viennent de traverser, en témoignent. En Italie, la population est inférieure de 7 millions à la population française ; les naissances l'emportent de 300.000 sur les nôtres. En Espagne la population est d'environ 18.000.000, elle n'atteint pas la moitié de la nôtre, et cependant les naissances ne sont inférieures que de 200.000 par an.

plus faibles et plus mal équilibrées. Si elles aussi doivent défaillir, si la richesse et le luxe doivent produire le même effet chez elles qu'ils produisent en France, si ces races étaient condamnées à disparaître à leur tour, les races jaunes sont prêtes à se précipiter en rangs serrés sur l'Occident pour arracher leur patrie aux hommes sans force et sans vigueur qui la peuplent. Est-ce là, je le demande une dernière fois, ce que nos économistes entendent par le triomphe de la civilisation ?

« On me répondra, et je me suis fait à moi-même cette objection, que je montre tous les dangers qui menacent les nations où la natalité s'affaiblit, où les vieillards qui peuvent bien être l'honneur du pays mais qui, à coup sûr, n'en sont pas la force, remplacent les jeunes gens ; et que j'oublie les dangers autrement redoutables d'une population surabondante et que c'est là la thèse soutenue par les économistes, la thèse qu'il faut réfuter.

« Ma réponse sera courte. Je dirai que je ne puis accepter cette fin désastreuse que les statisticiens prétendent imposer à l'espèce humaine. Ce n'est pas par une chute si cruelle que notre race doit périr. Je suis soutenu par de plus hautes et de plus immortelles espérances. Dieu n'a pas créé l'homme, il ne l'a pas doué du merveilleux génie qui éclate dans ses œuvres, il ne lui a pas donné l'empire de ce glorieux univers dans lequel nous vivons ; il ne lui a pas dit : « Croissez et multipliez (1) » pour le condamner soit à une triste stérilité, soit à une cruelle destruction que son industrie ne peut vaincre, que son génie ne peut atténuer (l'anéantissement par la faim). L'affirmer, c'est nier la Providence elle-même, et ce n'est pas par quelques chiffres, si habilement groupés qu'ils puissent être, que l'on saurait y parvenir. « Dieu crée les enfants, dit Luther, il les nourrira. »

« C'est là, il est vrai, une conclusion sentimentale qui ne repose sur aucune base scientifique ; mais n'en est-il pas de même des affirmations contraires ? Les chiffres de nos adversaires, leurs données, sont exclusivement fondés sur des hypothèses. Ils ne peuvent nous dire pourquoi, durant les dix mille ans et plus de son existence, la Race humaine s'est si lentement accrue. Les souffrances endurées par les hommes ne peuvent suffirent à l'expliquer. Pourquoi, au contraire, notre race a-t-elle pris depuis le XIXe siècle un si rapide essor et cela malgré les guerres qui ont marqué son début, malgré les révolutions sans cesse renouvelées qui ont marqué son histoire ?

(1) Genèse, chap. I, V, 20.

« Dans leur ignorance, ils prétendent nous dire un avenir inconnu en s'appuyant sur un passé incomplètement connu !

« Je crois avoir prouvé que les chiffres mis en avant avec un certain parti pris ne reposent que sur les faits les plus incertains et les plus aléatoires, et qu'ils peuvent être entièrement modifiés par des circonstances nouvelles impossibles à prévoir. Ne suis-je donc pas en droit de dire que les conclusions de mes adversaires, si sérieuses qu'elles puissent paraître, sont aussi sentimentales que les miennes. Ne prétendons donc pas résoudre des problèmes que nous n'avons aucun moyen de connaître avec quelque certitude. C'est, à l'heure actuelle, la vraie, l'unique solution. Mais cette solution, bien que l'on ne puisse actuellement l'entrevoir, doit assurément exister, car il faudrait sans cela admettre que Dieu a été imprévoyant, que sa souveraine Sagesse est en défaut. Cette assertion ne peut se soutenir ; elle est incompatible avec la notion même de Dieu, telle qu'elle a été constamment admise, non seulement par les chrétiens, mais aussi de tout temps par les philosophes spiritualistes. Nous en appelons donc avec confiance à l'avenir pour une solution du problème, solution que le présent ne peut donner. »

Aux lignes qui précèdent immédiatement, nous répondrons que la solution du problème n'est pas aussi complexe que le croit M. le Marquis de Nadaillac, car le Spiritualisme répandu améliorera l'espèce humaine et permettra l'incessant progrès, l'incessante natalité et la Terre pourra nourrir une population dix fois, vingt fois, cent fois plus considérable que celle qu'elle nourrit aujourd'hui !

C'est ce que nous allons démontrer en nous résumant le plus possible.

Disons tout d'abord que le monde n'est pas aussi proche de sa fin, bien qu'en Démographie, ce soit une catastrophe inévitable prédite par l'Apocalypse et par un grand nombre de LIVRES ou ÉCRITS de l'Antiquité ou des temps modernes.

Le moyen-âge devait exploiter cette horrible catastrophe au profit de ses moines et religieux.

Tout le monde connaît les terreurs qu'inspira aux populations la date fatidique de l'an 1000, dont profitèrent moines et religieux pour enfler leurs trésors et dépouiller de leurs richesses leurs contemporains afin de pouvoir ériger et construire leurs vastes et beaux Domaines, leurs couvents, leurs monastères, les Eglises, les collégiales, les Prieurés et abbayes et jusque à leurs constructions militaires enfin, tous ces beaux monuments de l'architecture française du xe au xiiie siècle, monuments au sujet desquels on peut dire : à quelque chose malheur est bon, surtout quand le malheur n'est pas arrivé !...

Notre Architecture Française justifie bien le vieil adage (1).

Les astrologues du moyen-âge ne partageaient guère l'opinion des moines ou du moins celles qu'ils avaient l'air de professer ouvertement, car *in petto*, ils ne croyaient pas plus à la fin du monde que les moines.

Ces astrologues accordaient au monde une durée de 10.000 ans, partageant en ceci l'avis du *Père de l'Histoire*, du vieil Hérodote.

Il serait trop long de rapporter ici l'avis de tous les Thaumaturges, nous nous bornerons à donner l'opinion de quelques Pères, de l'Eglise, de saint Augustin, de saint Cyprien, de saint Jérôme, par exemple. D'après ces Pères, le monde devait finir après une durée de 6.000 ans !

(1) Ceux de nos lecteurs qui voudraient avoir un aperçu de l'architecture française de cette époque, n'auraient qu'à consulter notre Dictionnaire raisonné *d'Architecture* et des sciences et arts qui s'y rapportent, 4 vol. in-8o Jésus avec 4.000 bois, dans le texte, 60 planches en noir et 40 chromolithographies; nouvelle édition, Imprimeries-Réunies, 5 rue Saint Benoît, Paris, 1900.

Le monde existe depuis bien plus longtemps et cependant il n'est pas encore près de sa fin. Nous ne comprenons pas même cette manie de vouloir fixer une chose absolument indéterminée et indéterminable, et cependant le siècle qui va finir a eu de nombreux prophètes de malheur en dehors du marquis de Nadaillac, qui lui au moins ne croit pas imminente la Fin du Monde !

L'abbé Friard, au contraire, l'auteur de *Lettres sur la Magie*, l'annonçait comme très prochaine, il y a environ 85 ans.

Le comte de Sallemard-Montfort fit imprimer, vers 1816 ou 1817, un opuscule sur les Religions dans lequel il essaya de prouver que le monde n'avait guère plus que dix ans à vivre, ce qui nous donnait du répit jusqu'en 1826 ou 1827; or il s'est écoulée 73 ans depuis cette époque.

Pour M. de Libenstein, la catastrophe finale devait arriver plutôt encore, en 1823; enfin pour Mme Krudner en 1819. On voit que les dames obtiennent le record en toutes choses.

Finiront-elles avant l'homme ?

Si le fait se réalisait, on pourrait alors commencer à s'occuper de fixer une date précise à la *Fin de l'humanité* !

Jusque-là, tous les calculs nous paraissent fort problématiques... pour ne pas dire absurdes !

Après ce qui précède, nous n'avons donc plus à nous préoccuper de la *Fin de l'humanité*, mais à étudier très brièvement si la population du globe peut augmenter sans danger et dans quelles proportions !...

Or, ici, nous ne sommes nullement embarrassés et nous pouvons dire et affirmer hautement ceci :

« La population du globe peut augmenter, doubler, tripler, quadrupler, quintupler, devenir cent fois, mille fois, un million de fois plus dense, l'homme y trouvera toujours sa subsistance, l'homme y trouvera toujours de quoi satisfaire à tous ses besoins aussi nombreux, aussi variés, ausssi quantitatifs et qualitatifs qu'ils soient, car le génie de l'homme progressant sans cesse, saura bien trouver et créer de nouvelles ressources pour son alimentation et sa subsistance, ressources qu'il ne nous est pas donné dès aujourd'hui de prévoir, mais seulement d'entrevoir. Nous n'en fournirons que quelques exemples, en opérant par analogie. — Ainsi la vieille Pharmacopée ne guérissait et souvent ne tuait les malades qu'après les avoir gorgés de drogues en grande quantité. Aujourd'hui, l'homœopathie, la dosimétrie, le système du

Comte Matteï ont créé des remèdes beaucoup plus puissants que l'ancienne Pharmacopée et cela avec des doses infinitésimales et, fait curieux à noter, plus les remèdes de Matteï sont dilués, plus puissante paraît leur action.

Donc, si l'homme ne trouve plus un jour assez d'espace sur le globe, assez de terres pour faire de l'agriculture et l'élevage du bétail, le chimiste viendrait au secours de l'humanité et trouverait très certainement le moyen de l'empêcher de mourir de faim.

Si l'homme ne trouvait plus de charbon pour ses besoins industriels ou domestiques, l'électricité remplacerait la vapeur et tout autre foyer; nous en avons une preuve par les Tramways et par les voies ferrées électriques.

Et savons-nous tout le parti qu'on peut retirer de l'électricité ; elle sert déjà à éclairer, à chauffer, à souder, à correspondre, à téléphoner, à véhiculer et transporter, à guérir enfin toute sorte de maladies incurables !

Savons-nous si un jour, de l'eau pure fortement électrisée ne pourra pas remplacer la côtelette et le beafteack quotidiens.

Et que l'on ne nous traite pas d'utopiste. Sont seuls utopistes ceux qui déclarent la faillite de la science ; c'est la science officielle qui seule a fait faillite, telle est la vérité, il suffit pour s'en convaincre de voir les noms des grands inventeurs de toutes les époques, mais surtout des inventeurs modernes.

La science sans épithète a réalisé de nos jours des merveilles véritables, et c'est ce qui nous permet de dire que rien ne paraît impossible à l'homme de nos jours, à l'homme de science véritable.

Nous ajouterons que l'homme en se spiritualisant sans cesse et de plus en plus arrivera certainement un jour à vivre sans l'alimentation grossière et matérielle, il vivra au moyen d'une alimentation de plus en plus raffinée, de plus en plus subtile. Nous ne doutons pas un seul instant qu'il puisera un jour sa nourriture dans l'aither, absolument comme le fait le poisson dans l'eau, ou comme nous le faisons dans la nuit, quand nous dormons ; comment expliquer autrement l'adage : *Qui dort dîne.*

Et qu'on ne nous objecte pas que le poisson vit des animalcules et des êtres qu'il trouve dans l'élément liquide.

Hé bien, qui nous dit que l'air ne contient pas par myriades infinies des microbes nourriciers, des infusoires innumérables, que l'homme ne sait pas encore utiliser pour sa subsistance.

Est-ce que la *Mystique Religieuse* ne nous apprend pas que des hommes dits *Saints* ont vécu des mois et des années sans prendre aucune espèce de nourriture. Or pour nous, ces hommes, au lieu d'être des saints, sont tout simplement des Sages, des Initiés, les hommes de l'avenir qui vivent déjà à notre époque, comme vivront peut-être (nous devrions dire certainement) tous les hommes dans un temps très éloigné, disons dix mille ans, vingt mille ans.

Qu'est-ce du reste qu'un tel délai pour l'humanité qui est presque éternelle ? Quelques années seulement !...

Ainsi donc, l'homme peut croître et multiplier et peupler encore et toujours la terre. — Il trouvera de quoi suffire à sa subsistance, son génie saura bien paralyser toutes les disettes possibles et imaginables.

Honni soit le principe Malthusien, c'est un crime de lèse-humanité ; l'homme est sur la terre pour se reproduire toujours et à l'infini. — Telle est la LOI DE LA VIE.

Enrayer son principe, c'est violer la *Loi divine*.

Nous terminerons ce chapitre par une anecdote

qui nous a été contée par notre grand poète provençal, par Mistral.

Un jour un pauvre diable entouré de ses nombreux enfants fait la rencontre d'un homme riche à qui il raconte que sa femme va encore accoucher et le riche bourgeois lui dit :

« Que diable, tu devrais t'arranger de façon à ne plus avoir d'enfants, surtout quand on est si pauvre que toi » ; et le besogneux de répondre en provençal (car l'anecdote est toute en cette langue) : « Moussu, quand Diou mande un lapin, mande tan ben una cardelle ! »

Ce qui veut dire en bon français : « Monsieur, quand Dieu envoie (crée) un lapin, il crée aussi un laiteron », sous-entendu pour le nourrir.

Il en va de même pour l'humanité tout entière ; c'est ce qui nous fait supposer que nous sommes loin encore, bien loin, de la FIN DE L'HUMANITÉ !

CHAPITRE XXIV

LES CONTINENTS DISPARUS

Dans le présent chapitre nous allons aborder l'étude des *Continents disparus*.

En premier lieu, nous nous occuperons de la Lémurie, ensuite de l'Atlantis, continent sur lequel vécut la Quatrième famille de la Race à laquelle nous appartenons, et dont les peuples de l'Antiquité (Grecs et Romains) furent les derniers rejetons.

LA LÉMURIE (LEMURIA)

Longtemps avant l'apogée de la civilisation Hellénique, dix ou douze mille ans au moins avant cette civilisation, les diverses branches de la troisième famille humaine avaient habité le Continent de Lémuria qui occupait une grande partie de l'Océan Indien et de l'Océanie. — Les Lémuriens, dont les habitants de l'Australie actuelle sont les derniers vestiges, furent les premiers hommes qui créèrent des civilisations analogues à celles dont l'histoire nous a transmis les Annales.

Les familles et les races antérieures qui vécurent sur les continents actuels, submergés depuis et revenus aujourd'hui à la lumière, n'étaient pas tout à fait des sauvages. Les contemporains de ces familles, en en exceptant les Australiens et quelques débris mélangés de la quatrième famille, appartiennent à la quatrième sous-race principale.

Le premier rejeton de cette famille fut le peuple Aryen suivant les uns, tandis que, suivant d'autres, ce ne serait que le cinquième rejeton, qui aurait peuplé l'Europe actuelle. Quoi qu'il en soit, ce rejeton possède une grande civilisation dans l'Asie Centrale et dans l'Asie Orientale.

Ce qui précède étant bien compris, étudions géologiquement le continent Lémurien et tout d'abord l'origine de son nom. Il fut ainsi dénommé parce que les Lémuriens, ces curieux prosimiens, étaient en si grand nombre dans ces régions qu'on en aurait cherché en vain autant dans d'autres contrées de la Terre.

Quant aux causes de l'effondrement de la Lémurie, on doit les rattacher à la mécanique générale de la terre, mécanique qui se résume dans le refroidissement spontané du noyau liquide et bouillant pour ainsi dire, qu'entoure la mince enveloppe pierreuse, la *pellicule*, pourrions-nous dire, que nous nommons *Ecorce terrestre*. Cette enveloppe trop large pour serrer son contenu, se refoule sur elle-même, se rétracte et en se rétractant craquelle, se fend, se disloque, se désagrège. C'est là le secret bien *connu* de quantités d'accidents géologiques dûs à ce mécanisme sans cesse renouvelé. Ces glissements de matériaux de l'écorce terrestre ne se font pas d'un seul coup, c'est-à-dire avec le maximum des dimensions qu'ils peuvent présenter. Il se produit successivement ; ceci est démontré par les lignes de cassures qui s'amoncellent les unes sur les autres. On aperçoit des masses rocheuses de même âge et de même composition, de *même constitution*, qui sont distribuées par bancs distincts tantôt parallèles au terrain qu'ils recouvrent, tantôt presque perpendiculaires, tantôt affectant une courbe : celle d'une voûte et ces masses rocheuses sont à des altitudes diverses, qui témoignent de l'énergique effort qu'il a fallu pour les soulever et les rompre; et ce sont ces dislocations colossales, ces immenses effondrements qui ont déterminé les déplacements de la mer.

Certainement un des plus curieux mouvements géodésiques qui existe est celui qui a déterminé l'effondrement des régions occupées aujourd'hui par l'Océan Indien et l'Océan Pacifique. Les Géologues ont reconnu qu'à une époque très ancienne qui remonte à une antiquité incalculable, le détroit de Mozambique était représenté par une solution de continuité de son sol émergé entre Madagascar et le Continent Africain. Ce qui démontre ce fait, c'est que le *Placage* de la côte occidentale de la grande île montre des dépôts marins renfermant des fossiles, dont il n'y a pas traces en Afrique, lesquels fossiles datent de la période géologique dont nous venons de parler, et qui remonte au delà peut-être de la période Jurassique. Cette séparation a persisté pendant les périodes crétacée et tertiaire, qui y ont dépassé successivement des dépôts sédimenteux qui sont des témoignages irrécusables. Le sol démontre donc par exemple, que Madagascar a eu très anciennement une existence continental ; c'est peut-être actuellement l'île la plus ancienne du Globe.

Inversement, on trouve que la ligne de la côte Orientale de cette île est pour ainsi dire comme jalonnée par une série presque ininterrompue de volcans, dont les cratères éteints ou en activité sont d'origine beaucoup plus récente. On voit qu'avant la dislocation qui a donné naissance à cette île immense, son territoire se poursuivait fort loin du côté de l'Inde et de l'Australie, qui au point de vue géologique présente avec Madagascar des analogies frappantes; c'est comme elle un massif de roches d'une très haute antiquité dont les couches ou bancs se relèvent progressivement jusqu'à la côte abrupte. Comme à Madagascar, les volcans australiens sont peu anciens et les coulées de lave abondent, dans le pays de Melbourne, par exemple.

On peut en dire autant en ce qui concerne le littoral Nord de l'Océan Indien, dans lequel on voit Java et Sumatra présenter des côtes rectilignes et jalonnées également par des volcans, dont la suite, la chaîne se poursuit à Suembava, à Flores, à Timor, aux Mollusques et jusqu'aux Philippines.

Le long des côtes de ces contrées, on peut voir des profondeurs océaniques qui mesurent plus de 5.000 mètres.

On ne saurait douter de l'ancienne liaison des

terres australiennes, malgaches et des îles et îlots intermédiaires, car la Flore et la Faune viennent appuyer et confirmer les observations géologiques.

Tout ce qui précède va être confirmé par une citation de Jacolliot que nous donnons quelques pages plus loin et qui forment pour ainsi dire la conclusion de ce qui précède.

L'ATLANTIDE (ATLANTIS)

Sur le vaste continent Atlantis s'élevèrent de puissantes civilisations qui furent très avancées dans l'ordre scientifique, comme peut en témoigner le passage suivant de l'Histoire de l'astronomie ancienne de Bailly :

« Les Hindous, dit cet auteur, de même que les Chaldéens et les Chinois, ont sur l'astronomie des notions qui ressemblent plutôt à des restes, à des vestiges d'une science qu'à des éléments, ce qui fait supposer, ajoute-t-il, l'existence d'une ancienne nation, d'où est venue la science astronomique. »

On peut donc supposer que les peuples précités tenaient cette science des Atlantes, dont la civilisation fort ancienne devait être très avancée.

Du reste, un grand nombre d'auteurs pensent que *le peuple atlante était arrivé à une civilisation qui dépassait de beaucoup celle de l'antiquité et même la nôtre.*

Pour nous, il n'est pas douteux que ce peuple possédât des savants qui étaient maîtres des forces psychiques et physiques de la nature, et qu'ils avaient dû conquérir et coloniser la totalité des nations qui l'entouraient.

Il est bien difficile de fournir des renseignements historiques sur l'Atlantide, cependant nous savons par la Tradition que des rois atlantes dominaient dans l'île principale, ainsi que dans plusieurs autres villes de certaines îles. On croit aussi que ces rois conquirent la partie Nord de l'Afrique jusqu'en Egypte, qui fut préalablement une colonie des Atlantes. Bien des archéologues n'ont pu s'expliquer les grandes connaissances scientifiques des sacerdotes Egyptiens, qu'en admettant qu'ils les tenaient d'un peuple très ancien, qui ne serait autre que celui des Atlantes ; ceux-ci sont désignés sous le nom de *Rutas*, c'est-à-dire les hommes rouges. Or les peintures que nous avons vues sur les murs des anciens temples égyptiens nous montrent des hommes à peau rouge brique, qui ne sont ni des hommes à peau bistrée, ni des nègres, ni des mulâtres, ni des représentations des Nubiens ; ce sont réellement des hommes rouges comme les *Rutas* ou *Atlantes*.

La Tunisie, l'Algérie et le Maroc formaient à l'Est de l'Egypte une vaste péninsule qui aurait été occupée par les Atlantes. Après la tradition, étudions ce que l'Histoire nous apprend.

Dans l'*Odyssée* Homère parle à diverses reprises des Atlantes et de leur île : l'*Atlantis*.

Dans sa *Théogonie*, Hésiode en fait également mention.

Nous savons aussi que Solon consacra une partie de sa verte vieillesse à la composition d'une grande épopée sur une tradition, qui avait cours de son temps, des conquêtes atlantes, sous la conduite de leur roi Atlas.

Platon, dans le *Timée*, nous raconte que dans son enfance, il écouta les récits de son aïeul Cristios, qui tenait de la bouche de Solon même, ce qu'avait appris à ce dernier un vieux prêtre de Saïs qui lui avait dit que l'Atlantide était anciennement une très grande île de l'Océan située en face du détroit des colonnes d'Hercule (Gibraltar).

Dans un autre passage, il ajoute : « Les Atlantes étaient une race de dieux qui dégénéra de son origine céleste, parce qu'elle s'allia fréquemment avec les filles des mortels ; aussi Jupiter les punit-il en détruisant le pays qu'ils habitaient. »

En lisant ce passage, il n'est pas possible qu'il ne vienne à l'esprit du lecteur, ce texte de la Genèse de Moïse :

« Les fils de Dieu, voyant que les filles des hommes étaient belles, irent pour femmes toutes celles qu'ils distinguèrent... Et Dieu, voyant que toute chair avait corrompu sa voie, résolut de la détruire (1). »

Platon nous apprend aussi que cette île reçut son nom du fils de Neptune : Atlas ; et qu'elle faisait partie d'une sorte d'archipel qui conduisait à un vaste continent plus grand à lui seul, que l'Europe et l'Asie réunies, et que le règne du fils de Neptune aurait duré neuf mille ans.

D'après Pline, nous pouvons supposer que les Ethiopiens étaient de souche Atlante, car il nous dit :

« Les Ethiopiens prirent successivement le nom d'*Atlantes* et d'*Ethiopiens*. » Malheureusement, il

---

(1) CHAPITRE, V, 2, 12.

n'ajoute rien à cela ; aussi sommes-nous à nous demander ce qu'était l'*Ethérie* ou *Ætheria genus* ou *gens* ? Nous l'ignorons absolument, mais nous savons que ces Éthériens ont été dénommés successivement Atlantes, puis Ethiopiens jusqu'à la nouvelle transformation de l'Ethiopie.

Résumant ce qui précède, voici ce que nous pensons qu'il faut croire au sujet de l'*Atlantide*.

Il existait autrefois dans l'Océan Atlantique, entre Gibraltar d'un côté et l'Amérique de l'autre, une *Ile immense*, dénommée Atlantis (*atlantide*), qui était suivie d'un groupe d'îles qui réunissait pour ainsi dire le continent européen à celui de l'Amérique.

Platon, nous venons de le voir, affirme l'existence de cette île, Solon en avait appris certains détails dans le voyage qu'il fit en Egypte. — Les prêtres de Saïs, ville située dans le Delta du Nil, lui dirent qu'ils possédaient dans la Bibliothèque de leur temple, des récits des événements qui se seraient passés environ 9.000 ans auparavant. C'est alors qu'un des prêtres doyens expliqua à Solon la *Légende de Phaéton*, sous son véritable sens astronomique, de même que la véritable signification des cataclysmes du feu et de l'Océan qui avaient détruit des contrées entières, avec les grandes nations qui les occupaient.

Proclus nous dit que l'Atlantide était située au centre de l'archipel Atlantique et comprenait sept îles parmi lesquelles figuraient nos Canaries. — Les petites îles disparurent successivement les unes après les autres, mais la plus grande, Poseidon, résista beaucoup plus longtemps et elle existait encore il y a 11.500 ans.

L'Atlantide, avons-nous dit, fut en quelque sorte un lien entre l'Europe et l'Amérique.

Nous pouvons presque le démontrer par la linguistique, de même qu'en étudiant la flore et la faune des deux pays.

En ce qui concerne la faune, nous dirons que les découvertes relativement récentes dans des lits de fossiles du Nebraska (Amérique) ont montré des restes de cheval, qui peuvent faire supposer que cet animal serait originaire du continent américain, car c'est la seule partie du monde où l'on ait découvert des restes fossiles du cheval et ceci démontre quels ont été les précurseurs du cheval actuel.

Pour ce qui est de la Flore, nous dirons qu'une partie de celle-ci, celle de l'époque Miocène, existe en Amérique. La Flore du même âge en

Europe se rencontre principalement dans des lits de fossiles de la Suisse.

Enfin, si nous voulons étudier la linguistique au point de vue qui nous occupe, nous voyons que la langue Basque qui ne tient à aucune autre langue Européenne, qu'au celte peut-être, serait, d'après certains linguistes, un *Dialecte Atlante*, c'est-à-dire la plus ancienne langue du monde ? Ce qui donne créance à cette opinion, ou du moins à cette supposition, c'est que précisément les Basques habitent une contrée qui fait exactement face à une partie supposée de l'Atlantide. Ensuite le Basque ressemble dans sa structure aux langues aborigènes de l'Atlantide. Or, comment expliquer cette affinité de langage, sinon en admettant que les Basques et les Aborigènes de l'Amérique ont été dans des temps très reculés, il y a 15 ou 18.000 ans, des émigrants de l'Atlantide.

A l'époque où existait l'Atlantide, le Sahara était une vaste mer. Voilà pourquoi le projet de la création d'une mer dans le Sahara, d'une mer intérieure d'Afrique, serait certainement utile pour ramener comme autrefois à ce vaste continent l'humidité et fraîcheur si nécessaires à sa prospérité.

Grâce à des recherches sous-marines, on a pu explorer presque tout le lit de l'Océan Atlantique ;

on a même dressé des cartes de celui-ci en Angleterre. Or, les études faites dans ce but ont prouvé qu'une éminence d'une grande superficie et hauteur existait au milieu de l'Océan Atlantique. — Cette éminence était l'Atlantide même !

Elle s'étend dans une direction Sud-Ouest, depuis le 50ᵉ degré Nord d'un côté, vers l'Amérique et se dirige vers la côte d'Afrique.

Cette éminence s'élève à environ 27 mètres au-dessus du sol moyen de l'Océan ; les îles Açores, de l'Ascension, de Tristan d'Acunha ne seraient que les pics de cette contrée abîmée dans les eaux. Ce qui le démontre, c'est que les profondeurs autour de ces îles sont très considérables ; de plus, des sondages ont prouvé que toute la partie surélevée de cette île est couverte de débris volcaniques dont on retrouve des traces du côté de l'Océan, et qui se dirigent vers les côtes américaines. Du reste, les géographes et les voyageurs savent fort bien que dans les Açores, il existe des preuves qu'il y a eu de gigantesques éruptions volcaniques.

Ce qui précède démontre donc d'une façon très certaine, que cette vaste surface cachée sous l'Océan Atlantique, n'est pas un simple banc ordinaire, mais bien le sol même de l'Atlantide disparue, comme un navire qui sombre sous les eaux !...

Malgré ce qui précède, certains géographes ont considéré l'Atlantide comme un pays n'ayant jamais existé; ce qui est faux; d'autres auteurs ont placé ce continent sous la Perse actuelle. Un professeur à l'Université d'Upsal a même soutenu au XVIII° siècle que l'ancienne Atlantide n'était autre chose que la Suède et la Norvège modernes, et il chercha à étayer sa thèse étrange en citant Platon, Diodore et autres auteurs anciens. Or, il est incontestable que l'Atlantide était située sous les mêmes latitudes que les Açores, Madère, les Canaries et les Iles du Cap-Vert. Le célèbre voyageur Bory de Saint-Martin a tracé une carte idéale de ce continent. Quelques auteurs pensent que le Pic de Ténériffe ne serait que la cime de l'Atlas qui a donné son nom au continent disparu, englouti d'après quelques-uns par la mer située dans l'intérieur de l'Afrique, qui, par suite de cataclysmes cosmiques, se serait déversée sur cette île immense.

Voici d'autres renseignements presque inconnus au sujet de l'Atlantis qui fourniront une preuve topique de son existence. Ils nous sont fournis par la Doctrine Esotérique, par la Théosophie.

D'après les calculs cycliques, les Brahmes (ce

qui concorde avec ce que nous avons dit précédemment) ont fixé la disparition de l'Atlantide à 11.500 ans avant notre époque. — Or, les *Mayas*, peuple de l'Amérique centrale, nous ont laissé des récits hiéroglyphiques qu'on est parvenu à déchiffrer et parmi ces récits quatre se rapportent précisément à la disparition de l'Atlantide.

En voici un que nous donnons d'après le *Théosophist*, il provient d'un manuscrit dit le *Tronao*, qui se trouve au *British Museum*.

« En l'an VI de *Kan* (un roi Maya) le onzième *Muluc* du mois de *Zac*, il se produisit des tremblements de terre considérables qui continuèrent presque sans interruption jusqu'au treizième de *Chuen*. — Le pays de *Mu* (l'Atlantide) fut entièrement ruiné. Il fut deux fois soulevé dans ses principales parties et une troisième fois, il disparut en totalité; il n'en resta rien, absolument rien. Ce fut pendant une nuit que les éruptions volcaniques secouèrent ce pays avec un ébranlement formidable.

« Ainsi ébranlée de fond en comble et de toutes parts, la totalité du pays acheva de s'abîmer, incapable qu'elle était de supporter plus longtemps la puissance des convulsions cosmiques et le pays tout entier disparut avec les 64.000.000 d'habitants qu'il contenait et cela 8.068 ans avant la rédaction du présent manuscrit. »

Or, le manuscrit en question daterait d'environ 3.500, ce qui donne 11.556, c'est-à-dire le chiffre indiqué à quelque chose près par les Brahmanes.

Ceci prouve donc d'une façon très concluante que la disparition de l'Atlantide n'est pas un mythe, mais une réalité tangible, puisqu'il en reste des traces immenses au fond de l'Océan ; l'une d'elles, très visible, est l'île de Ténériffe et le Pic du Teyde, qui a été gravi, il y a environ 10 à 12 ans, par M. Bouquet de la Grye, qui a effectué dans cette île des travaux ayant pour objet la Géodosie du Sénégal et de Ténériffe, travaux qui visaient particulièrement à fixer la position géographique de Saint-Louis, pris comme méridien fondamental pour les bassins du Sénégal et du Haut-Niger.

On verra par le récit du savant Français que le fameux Pic de Ténériffe est un des points curieux de notre globe et que de plus sa hauteur devait être considérable avant l'effondrement de sa base dans l'Océan. Voici la description de ce pic (1) :

« Après avoir dépassé les terrains cultivés, on entre dans les broussailles en prenant en écharpe

(1) Lecture faite dans la séance publique des cinq Académies, en 1888.

le revers Ouest de l'île, et après avoir contourné force ravins dénués d'eau, on entre par une large coupure située à 2.700 mètres d'altitude dans un des plus grands cratères de notre globe, car il a plus de 20 kilomètres de diamètre. Au nord et à l'Est, ce cratère, cette *cañada*, pour lui donner son nom espagnol, est limité par des escarpements de plus de 300 mètres de hauteur ; à l'Ouest cette barrière renversée a laissé s'écouler sur le penchant de la montagne et jusque dans la mer, des fleuves successifs de lave, que leur couleur rend encore distincts. Devant soi et presque au milieu du cirque, se dresse la montagne du Teyde.

« La Cañada a encore à l'heure actuelle l'apparence d'une fournaise à peine éteinte ; elle est parsemée de petits cônes d'éruption qui offrent l'apparence de ces pustules que l'on voit dans les images lunaires ; un grand volcan, le *Chabora*, les dépasse, mais lui-même est effacé par le Teyde dont la hauteur semble seule en rapport avec les dimensions de la Cañada.

« Aucune végétation sérieuse, en dehors de quelques *Retamas* en boule, ne se montre dans cette vaste enceinte et les couleurs noires, rouges, violettes, roses et blanches s'y détachent en tons crus, grâce à la transparence de l'air.

« Entre la *Estancia*, où nous passâmes la nuit, et *Alta-Vista*, le sentier est encore impraticable aux chevaux, mais on monte en faisant des lacets continuels sur une pente de 30°, et il faut 2 heures pour arriver à une plate-forme qui a été aussi un centre d'éruption : pierres ponces, coulées de basalte, rien n'y manque et devant vous se dresse encore, dans l'angle Sud-ouest du plateau, le Teyde. »

Ce pic de Teyde mesure 375 mètres de hauteur et c'est l'ascension de celui-ci qui est extrêmement difficile, car on se trouve au milieu de roches basaltiques et de blocs de scories rejetés par le volcan ; c'est un véritable chemin de casse-cou où peuvent seuls s'aventurer les indigènes, qui suivent à grand peine la trace des lacets de ceux qui ont passé avant eux.

Ici nous laisserons la parole à l'honorable savant :

« Si l'on n'était si fort occupé de savoir où l'on doit poser le pied, on admirerait l'aspect de la Cañada vue de cette hauteur ; mais deux heures durant, aux difficultés de la route se joignent de vives angoisses : les yeux sont injectés de sang, par suite de la dépression de l'air ; on a des bourdonnements dans les oreilles, on éprouve une soif ardente, que l'on ne calme pas en mangeant de la neige ; les mains sont bleuies par le froid, malgré l'ardeur du soleil presque vertical.

« On parvient enfin à Rambleta, et l'on y trouve un troisième centre d'éruption plus petit que le précédent, car il n'a plus que 80 mètres de diamètre dans sa plus grande largeur. Cette plateforme, couverte de Pouzzolane, laisse percer par place, l'ossature de la montagne et l'on peut s'y chauffer les pieds au feu du volcan, car une vapeur brûlante sort de plusieurs de ses fissures. »

Enfin, toujours au Sud, se dresse le pic terminal qui, bien que n'ayant que 160 mètres de hauteur, demande encore au moins une heure d'ascension tellement la cendre volcanique est encore meuble, et cela à tel point qu'on y enfonce parfois jusqu'aux genoux ; mais on est bien récompensé de ses peines, car une fois au sommet « le spectacle est si beau et les nuages éclairés par le soleil sont d'un blanc si éclatant qu'ils paraissent continuer les neiges qui couvrent le flanc de Teyde » et l'on croit avoir devant soi un paysage des régions polaires ; du reste, la température permet parfaitement l'illusion. La hauteur barométrique comparée à celle de Santa-Cruz et Ténériffe accuse pour ce sommet une hauteur de 3.710 à 3.712 mètres.

Avant l'effondrement de cette île quelle pouvait être cette même hauteur? Il est impossible de pouvoir le dire; mais il est parfaitement admissible que des îles s'effondrent et disparaissent subitement à la suite de cataclysmes cosmiques; nous en avons sous les yeux de fréquents exemples. Un des plus récents est la disparition soudaine d'un groupe d'îles importantes situé entre Auckland et l'archipel de Tonga.

Antérieurement à celui-ci, nous pouvons mentionner une des îles des environs de Krakatoa, qui disparut également d'une façon soudaine dans une seule nuit à l'époque de l'éruption du volcan Javanais.

Comme preuve à l'appui de ce qui précède, nous signalerons un tout petit fait mais qui a, suivant nous, une certaine importance; c'est que quelques auteurs pensent que les Guanches sont des descendants dégénérés des anciens *Atlantes*; pour étayer leur dire, ils s'appuient sur une assertion linguistique que voici : Ce terme de Guanche viendrait du Sanskrit *Guhain naman* qui signifierait : nom mystique, nom secret, mystérieux. Or, la Doctrine Esotérique attribue aux Atlantes le don de magie, ainsi que les pouvoirs qui s'y rattachent. De plus, il existe sur le Pic de Ténériffe, dont nous venons de parler, des Bergers de Gomera qui emploient un langage sifflé, qu'ils tiennent des Guanches ; les modulations de ce langage représentent des idées, des articulations, des sons ; or, beaucoup d'ethnographes considèrent ce langage primitif comme les vestiges de l'un des modes de parler des anciens habitants de l'Atlantide disparue.

Comme on le voit par ce qui précède, on sait fort peu de choses sur les anciens continents disparus.

Jacolliot donne à ceux-ci plus d'extension que la majorité des auteurs que nous avons étudiés, aussi mentionnerons-nous trois pages de cet auteur, qui comportent un grand intérêt et qui résument en outre d'une façon remarquable la question que nous venons d'étudier (1).

« Une des légendes les plus anciennes de l'Inde, nous dit cet auteur, conservée dans les temples par la tradition orale et écrite, raconte qu'il y a plusieurs centaines de mille ans au moins, il existait dans l'Océan Pacifique un immense continent qui fut détruit par un bouleversement géologique, et dont il faudrait retrouver les fragments dans

---

(1) Histoire des Vierges, chap. Ier, page 13 à 16, un vol. in-8º, Paris, Lacroix, 1874.

Madagascar, Ceylan, Sumatra, Java, Bornéo et les principales villes de Polynésie.

« Les hauts plateaux de l'Indoustan et de l'Asie, suivant cette hypothèse, n'auraient été représentés dans ces époques reculées que par de grandes îles dépendantes du continent central. — Sans doute, il serait puéril de donner à cette tradition une réalité géographique et de chercher à retracer les contours exacts de cette portion du globe disparue. Mais tout vient nous démontrer, lorsque nous étudions les souvenirs appréciables des primitives civilisations, la possibilité du fait conservé par la légende hindoue.

« D'après les Brahmes, cette contrée était parvenue à une haute civilisation, et la presqu'île de l'Indoustan, agrandie par le déplacement des eaux, lors du grand cataclysme, n'a fait que continuer la chaîne des primitives traditions qui avaient pris naissance en ce lieu. Ces traditions donnent le nom de *Rutas* aux peuples qui auraient habité cet immense continent équinoxial; de la langue de ces derniers, serait sorti le samscrit.

« Le radical Samscrit *Ru* signifie *bataille*. *Rutas* pourrait donc se traduire par les mots de *guerriers*, *vainqueurs*, *redoutables* ou *puissants*.

« La tradition Indo-Hellénique, conservée par

la population la plus intelligente qui ait émigré des plaines de l'Inde, relate également l'existence d'un continent et d'un peuple auxquels on donne le nom *d'Atlandide* et *d'Atlantes* et qu'elle place dans la partie tropicale nord de l'Atlantique.

« Bien que la supposition d'un ancien continent dans ces parages, dont on retrouverait les vestiges dans les îles volcaniques et au sol montueux des Açores, des Canaries et du Cap-Vert, ne soit pas dénuée de vraisemblance géologique, les Grecs qui, du reste, n'osèrent jamais franchir les colonnes d'Hercule, effrayés qu'ils étaient par le mystérieux Océan, sont *trop tard venus* dans l'Antiquité pour que les récits conservés par Platon soient autre chose qu'un écho de la légende hindoue. De plus, lorsqu'on jette un regard sur un planisphère, à l'aspect de ce véritable semis d'îles et d'îlots, qui s'en va de la Malaisie à la Polynésie, du détroit de la Sonde à l'île de Pâques, il est impossible, dans l'hypothèse de continents prédécesseurs de ceux que nous habitons, de ne pas placer là, le plus important de tous.

« Une croyance religieuse commune à la Malaisie et à la Polynésie, c'est-à-dire aux deux extrémités opposées du monde Océanien, croyance sur laquelle nous aurons bientôt à donner de curieux détails, porte « que toutes ces îles ne formaient autrefois que deux immenses contrées habitées par des hommes jaunes et par des hommes noirs, toujours en guerre, et que les Dieux, lassés par leurs querelles, ayant chargé l'Océan de les mettre d'accord, ce dernier avait envahi les deux continents, sans qu'il ait été possible depuis de lui faire rendre ses conquêtes. Seuls les pics de montagnes et des plateaux élevés échappèrent aux flots par la puissance des Dieux qui s'aperçurent trop tard de l'erreur qu'ils avaient commise. »

« Quoiqu'il en soit de ces traditions, et quel que soit le lieu où s'est développée une civilisation plus ancienne que celle de Rome, de la Grèce, de l'Egypte et de l'Inde, il est certain que cette civilisation a existé, et qu'il est d'un haut intérêt pour la science à en retrouver les traces, si faibles, si fugitives qu'elles puissent être. »

Evidemment cette civilisation était celle des *Rutas*, des hommes rouges ou Atlantes, qui avaient été détruits non par une erreur des dieux, mais en punition de leurs crimes.

CHAPITRE XXV

LES DÉLUGES

Nous avons parlé dans le chapitre précédent des *Rutas*, nous donnerons ici quelques renseignements qui prouvent en faveur de leur haute antiquité, car d'après Manou, ils auraient été les ancêtres des Hindous. Et comme le récit de Manou nous amène à parler d'un déluge partiel, la transition aux déluges d'eau et aux déluges de feu sera toute naturelle.

ORIGINE DES HINDOUS. — Manou, le législateur sacré de l'Inde, nous apprend, dans son *Troisième Livre*, l'origine des Hindous :

« Nos pères ont reçu des Sages le nom de *Vasyas*, nos ancêtres étaient les Adytias et les ancêtres de nos ancêtres se nommaient *Rutas*. » (Hommes rouges).

Le passage de Manou que nous venons de mentionner confirme une tradition qui vient des Brahmes de l'Inde, tradition qui nous apprend que la Race Hindoue aborigène descend bien d'une race primitive et anté-diluvienne, dénommée *Race des Rutas*, qui aurait occupé, avant le dernier déluge, toute l'Asie et le continent de la Polynésie tout entier ; or, ce déluge remonte à 30.000 ans au moins avant l'époque contemporaine.

Nous est-il permis de reconstituer la géographie préhistorique de cette époque, et reconnaitre ainsi la partie de l'Inde habitée par cette race ?

Grâce à la science moderne contrôlant les légendes de l'Antiquité, on peut parfaitement essayer de cette reconstitution et lui donner une vraisemblance, sinon incontestable au moins acceptable.

Précédemment nous avons parlé de l'*Atlantis*, de l'origine de ce mot qui provient d'une race d'hommes dénommés *Atlantes*, qui donnèrent leur nom par suite à l'Océan Atlantique à la suite d'un cataclysme.

La science moderne a parfaitement admis, sinon établi d'une façon certaine, la périodicité des convulsions du Globe, dénommées *Déluges*, convulsions qui surviennent à des époques fixes qu'on a pu fort bien déterminer, à l'aide de calculs astronomiques.

Ces grands cataclysmes ont pour résultat de changer complètement l'assiette des mers, en faisant disparaître les continents et émerger ceux précédemment engloutis.

Au sujet de ces révolutions cosmiques, voici ce que nous apprend le *Hari-Purana*. Nous ne donnerons qu'une brève analyse du passage de ce poème : « A peine deux cents âges divins s'étaient-ils écoulés, c'est-à-dire qu'un jour de Brahmâ n'était pas encore accompli, que *Purusha* (*lit.* le mâle céleste), entra dans une grande colère, sa voix fit retentir tout l'Univers, et les astres et les mers écoutèrent la voix qui disait : « Pourquoi, transformant ma substance, ai-je tout créé : l'aither, la lumière, l'air, l'eau, la matière et pourquoi dans celle-ci ai-je jeté le germe universel, d'où sont sortis tous les êtres ? Et voilà que les animaux se dévorent entre eux, que l'homme se bat avec son frère et qu'il méconnaît ma puissance, puisqu'il ne s'occupe qu'à détruire mes *Œuvres* et qu'il fait partout triompher le *mal* contre le *bien*. Aussi sans attendre l'accomplissement des mille âges divins, je vais étendre la nuit sur l'Univers ; et les créatures vont rentrer dans la matière ; celles-ci dans l'eau, celles-ci dans la lumière, celles-ci dans l'aither qui est ma propre substance. Et l'eau dont sont sortis les êtres vivants détruira ces êtres vivants.

Et Vishnu, entendant ces paroles, s'adressa à Brahmâ dans ces termes :

« O toi, Illustre Maître de l'Univers, des dieux et des hommes, toi l'Omniscient et l'Omnipotent à qui tout l'Univers obéit ; toi qui m'a fais sortir de ta pure Essence pour conserver la création, apaise ton courroux et fais grâce à l'Univers. »

Mais Brahmâ ne pouvant rien changer à ce qu'il voulait exécuter dit à Vishnu : « Trouve-moi un saint homme et je le sauverai lui et sa famille et il repeuplera la terre. »

La suite de cette légende est la même que celle qu'expose la Bible, c'est-à-dire Noé construisant son arche, etc. ; mais dans la légende Hindoue, le récit est enveloppé de cette poésie particulière à l'Orient qui illustre si merveilleusement les faits mêmes les plus simples, les plus vulgaires, pourrions-nous dire !

Ajoutons que le déluge de Noé n'est pas le seul qui ait désolé la Terre, car depuis que le monde existe, il y a eu de très nombreux déluges, les uns généraux ou universels, les autres partiels ou locaux ; nous ne ferons que les énumérer en nous étendant un peu plus longuement sur le déluge dit de Noé (*Noa*).

L'un des plus anciens déluges, dont la tradition nous ait conservé le souvenir, est celui de Sisuthurus survenu en Kaldée à une époque tellement reculée, qu'il n'a jamais pu être bien déterminé, nous ne le connaissons que par les écrits d'Eusèbe qui cite Syncelle et Abydène.

Le déluge d'Ogygès, survenu sous Phronée, roi d'Argos, 1759 ans avant J. C., inonda l'Atlique, par suite, nous dit Solin, de la rupture des digues de la mer Noire.

Le déluge de Deucalion survint 1529 ans avant J. C. par suite de la rupture des digues d'eau d'un lac de Thessalie. Diodore de Sicile a mentionné ce déluge de même que cet auteur et Plutarque ont mentionné le déluge de Prométhée survenu en Egypte par suite de la rupture des digues d'un lac abyssinien.

Nous savons aussi que survint en Phrygie un déluge sous le roi Annac, et Pausanias nous a informé du déluge d'Inachus survenu en Béotie (1).

(1) Il y a eu dans le Groënland un déluge très ancien, à une époque extrêmement reculée. Des preuves nous en sont fournies

Tous ces déluges sont de beaucoup postérieurs au *Déluge* dit *de Noé;* celui-ci beaucoup plus connu, parce qu'il est raconté tout au long dans la Bible.

A propos de ce déluge nous donnerons un extrait de Bérose le Kaldéen ; nous traduisons le plus littéralement possible :

« Un grand nombre de siècles se sont écoulés avant ce fameux déluge, par lequel périt toute la Terre. Nos Kaldéens en ont conservé le souvenir fidèle. — Ils écrivent que de ce temps-là, du côté du Mont Liban, il existait Enos, la plus grande ville des géants, dont la domination s'étendait sur le monde entier, depuis l'endroit où le soleil se lève, jusqu'à l'endroit où il se couche. Confiants sur leur haute taille et sur leur force musculaire et corporelle, ces géants se servirent des armes qu'ils avaient inventées pour opprimer les hommes ; et livrés uniquement à leurs passions, ils inventèrent les tentes, les instruments de musique et toute sorte de jouissances du luxe. Ils mangeaient des hommes, faisaient avorter les femmes et prépa-

---

par des débris de coquillages, qu'on trouve dans des profondeurs de terrain où l'homme n'a jamais mis les pieds. D'autres preuves nous sont fournies par des débris de baleines qu'on a retrouvés en quantité au sommet de montagnes élevées.

raient les avortons comme nourriture recherchée. Ils s'unissaient à leurs mères et à leurs filles, à leurs sœurs, à de jeunes garçons, à des animaux et méprisaient les Dieux et la Religion ; enfin, ils commettaient toute sorte de crimes.

Or, en ce temps-là, beaucoup d'hommes prêchaient et prophétisaient. Ils gravaient sur des pierres la future destruction du Monde ; mais cependant les géants conservaient leurs mauvaises habitudes et se moquaient de toutes les prédictions. La colère et la vengeance des Dieux les poussaient à ce mépris, à cause de leur impiété et de leurs crimes.

Un seul parmi ces géants avait plus de respect pour les Dieux et de prudence que même les plus honnêtes. Il habitait la Syrie et se nommait *Noa*. Il avait trois fils : Sem, Cham et Japhet et leur quatre femmes étaient : Titée *la Grande* ; Pandora, Noëla et Noëgla.

« Ce bon Noa redoutant la ruine annoncée (par les Prophètes) commença dès l'an 78 avant l'inondation à construire un navire en forme de coffre. La soixante-dixième année depuis que ce navire était commencé, l'Océan franchit ses bords au moment où on s'y attendait le moins. Toutes les mers situées au milieu des terres, les fleuves, les fontaines bouillonnant jusqu'à leurs plus grandes profondeurs couvrirent de leurs eaux jusqu'aux montagnes. Et au même instant, tombèrent du ciel, et cela pendant un grand nombre de jours et avec une violence extrême, tout à fait extraordinaire, des pluies immenses. Et ce fut de cette manière que le genre humain fut suffoqué par les eaux, à l'exception de Noa et de sa famille, qui, grâce au navire, furent sauvés.

« Ce navire élevé par les eaux très-haut s'arrêta au sommet du mont Gordieus, où l'on dit qu'il en reste encore quelques débris, auxquels les hommes vont chercher du bitume, qu'ils utilisent surtout dans les sacrifices d'expiation.

« Depuis cette année où le genre humain fut sauvé des eaux, prise pour l'époque primitive, nos ancêtres ont écrit quantité de fables.

« Voulant abréger ces tristes récits, nous rapporterons les origines, les temps et les rois de ces royaumes seulement que l'on considère aujourd'hui comme grands. — Nous parlerons en Asie, du royaume de Babylone, qui est le plus ancien de tous ; en Afrique de celui d'Egypte et de Lybie qui d'abord n'en firent qu'un. — Enfin nos historiens comptent en Europe quatre royaumes : celui des Celtibériens, celui des Celtes, celui de Kithim que ceux de cette nation appellent Italiques et celui des Thuiscons, qui s'étend depuis le fleuve du Rhin à travers le pays des Sarmates et finit au Pont-Euxin ; quelques-uns en ajoutent un cinquième appelé *Ionique.* »

Puis ce sont les généalogies des premiers chefs après le déluge ; nous les passons, pour arriver à la suite de notre récit et dire comment le monde devenu « désert fut rempli d'hommes et de colons.

« Quand le sol se fut séché et que la terre se fut échauffée, Noa et sa famille descendirent du Mont Gordieus, comme ils devaient le faire et dans la terre située au-dessous (au pied du mont) ils trouvèrent des masses de cadavres ; on appelle cette terre *Miri-Adam*, c'est-à-dire des hommes éventrés ; et Noa écrivit sur une pierre destinée à servir de monument, tout ce qui s'était passé. — Les habitants nomment ce lieu : *Sortie de Noa !*

« Et s'étant unis à leurs femmes (les enfants de Noa) ils engendrèrent deux jumeaux (mâle et femelle) qui, devenus adultes, se marièrent et eurent toujours des jumeaux.

« Et Dieu ou la Nature, qui s'occupe d'enrichir cet Univers, ne manqua jamais à cette nécessité !...

« Par ce moyen, le genre humain s'étant bientôt

accru et toute l'Arménie étant pleine, il fallut qu'ils s'éloignassent pour chercher de nouveaux *habitats*.

« Alors Noa le père, le plus âgé de tous, qui leur avait déjà enseigné la *Théologie* et les *Rites sacrés*, commença aussi à les instruire dans la *Théosophie*. Il écrivit un *grand nombre de choses secrètes*, en caractères particuliers, que les Scythes Arméniens confient aux seuls prêtres. — Nul, excepté ceux-ci et ceux de leur ordre, ne peut les lire et partant les enseigner.

« Il en est de même des rituels qu'il a laissés et d'après lesquels les prêtres reçurent le nom de *Saga*, qui signifie Prêtre, sacrificateur et pontife.

« Il leur enseigna aussi le cours des astres et distingua l'année, suivant le cours du soleil, et les douze mois suivant le mouvement ou cours de la Lune.

« Avec le secours de cette science (l'astronomie), il put prédire, dès le commencement de l'année, ce qui arriverait dans le courant de celle-ci (1). — Cette science leur fit croire qu'il participait de la nature divine et c'est pourquoi ils l'appelèrent

---

(1) On voit par là que Mathieu Lansberg et Pierre Larrivé ne sont pas les inventeurs des Almanachs.

Olibama et *Arsa*, c'est-à-dire le ciel et le soleil, et lui dédièrent plusieurs villes.

« Dès ce temps, en effet, les Scythes arméniens avaient dans leur territoire, parmi d'autres villes, celles d'Olibama et d'Arsa-Ratha.

Lorsqu'il s'en fut pour gouverner Kitim (aujourd'hui l'Italie) il laissa beaucoup de regrets parmi les Arméniens, qui crurent qu'après sa mort, son âme avait été transportée dans les régions célestes.

DÉLUGES DE FEU

Sept siècles après le déluge d'eau de Noa, nous savons par la Tradition qu'il survint un très grand incendie : un déluge de feu, qui ravagea en peu de jours l'Hibérie d'un côté et la Gaule de l'autre.

D'après la Chronologie Moïsiaque, l'histoire place l'époque de l'incendie de la Celtique en l'an 557 après le déluge (1), c'est-à-dire, 2.314 ans avant J.-C. — Les monts Jura peuvent témoigner de cet immense incendie, car Y-Ur-a signifie en

---

(1) DIODORE DE SICILE, LIV. VI. — LUCRÈCE. — *De naturâ rerum.*

Celte premier feu. Comment ce feu se déclara-t-il ?

Il paraît que la foudre tomba sur les monts Pyrénées, sur l'un de ses hauts sommets (pics) et comme à cette époque, ces montagnes étaient couvertes de pins et de sapins, la flamme électrique embrasa ces masses résineuses qui formèrent en quelques jours un immense brasier. L'incendie ne s'arrêta que quand il n'eût plus d'alimentation devant lui, c'est-à-dire que d'un côté, il trouva l'Océan et de l'autre l'Eridan (le Pô).

C'est même à cause de ce vaste incendie que les anciens placent sur les bords de l'Eridan le tombeau de Phaëton, le maladroit fils d'Apollon qui était venu des contrées sacrées des Hyperboréens (1) pour mourir (s'éteindre) dans ce fleuve.

Phaëton symbolise la manifestation du feu, sa chute sur la terre, la descente du jour sur notre globe et c'est pourquoi l'on a dit : *Après la chute de Phaëton, le soleil descendit sur la terre et vint visiter les Hyperboréens.*

Cette allégorie montre qu'après l'incendie des forêts le soleil visita les Celtes, qui jusqu'alors

(1) Apollonius de Rhodes, à l'occasion de la chûte de Phaëton dans l'Eridan, dénomme les habitants adossés aux Alpes, *la nation sacrée des Hyperboréens !*

avaient été privés des rayons bienfaisants de cet astre par l'épaisseur des hautes futaies des forêts, sous lesquelles ils vivaient.

Possidonius appelait *toute* la Celtique, le pays des Hyperboréens, pour exprimer par là que ses peuples étaient à l'abri de Borée. — De son côté, Apollonius de Rhodes nous dit que les contrées Hyperboréennes considérées comme inviolables étaient consacrées au Soleil par un culte particulier, aussi ceux qui leur faisaient la guerre, étaient-ils considérés comme sacrilèges.

Parmi les traditions moitié légendaires, nous dirons ici quelques mots du *Phœnix*, symbolisant la Renaissance du monde, après le vaste incendie que nous venons de rapporter. Plus tard, cette fable est devenue l'emblème d'une période solaire, qui renaît au moment où elle expire. — Or, cette allégorie n'a pu prendre naissance en Egypte où le soleil conserve toujours à peu près la même hauteur. — Nous la devons donc bien aux Druides, cette allégorie ingénieuse. S'il nous en fallait fournir une preuve, nous la trouverions dans la Mythologie Scandinave. Frigga ou la Terre obligée de transiger avec son père (le soleil) qui était aussi son époux, au sujet de ses infidélités annuelles, lui permit de s'absenter du lit conjugal pendant

65 jours, mais à la condition expresse qu'il prendrait l'engagement de lui rester fidèle pendant 300 jours.

On voit donc ici l'alliance du soleil avec la terre qui se renouvelait 65 jours après que le soleil l'avait quittée, pour ne revenir qu'au printemps et la féconder de nouveau.

L'incendie que nous venons de relater ne fut pas une calamité inutile pour l'homme, car il servit à détruire un grand nombre de bêtes fauves et de reptiles, dont il aurait eu beaucoup de peine à se défendre.

C'est alors que dans un but de défense il creusa des cavernes et utilisa les grottes naturelles pour s'y abriter et qu'il éleva des pierres brutes en témoignage de reconnaissance envers la Divinité.

Ces pierres *de témoignage*, sont les pierres Druidiques ou MONUMENTS CELTIQUES (1). — Aucune civilisation n'a conservé des vestiges plus authentiques et plus vénérables que les pierres du culte Druidique ou Celtique, qui se trouvent répandues,

---

(1) Voyez ce terme CELTIQUES (*monuments*) dans notre DICTIONNAIRE RAISONNÉ D'ARCHITECTURE et des arts qui en dépendent, 4 vol. in-8º jésus, illustrés de 4.000 bois, de planches en noir et en couleur ; nouvelle édition, 1900, Paris, Imprimeries réunies, 7, rue Saint-Benoît.

en grande quantité, dans toutes les contrées du monde.

L'Historien Josèphe fait descendre les Celtes de Noé, qui ne symbolise que le renouvellement de l'espèce humaine après le déluge.

La Bible nous dit : « Cham dévoila la nudité de son père et le châtra, de sorte qu'il ne put avoir d'autres enfants. »

Ces paroles sont évidemment allégoriques et elles veulent dire que Cham, dont le nom signifie *Incendie*, réduisit en cendres les forêts primitives et découvrit ainsi la nudité de son père, c'est-à-dire du globe terrestre, le père commun des hommes. Japhet, secondé par son frère Cham, marchant à reculons, c'est-à-dire en revenant sur leurs pas, dans la contrée d'où les avait chassés l'incendie, revêtirent Noé de son vêtement ; ceci veut dire que Japhet recouvrit le globe d'habitants, tandis que Sem ensemença la terre, planta des arbres, la couvrit enfin de végétaux, en un mot habilla Noé, qu'avait dévêtu Cham ou l'incendie.

Japhet eut plusieurs fils : Gomer, qui symbolise les Cimmériens ou les Ombres, c'est-à-dire les Celtes, peuples vivants sous le couvert des épaisses forêts. — Magor qui symbolise les habitants des montagnes, Madaï les habitants des marais ; Javau les peuples Laboureurs ; Thubal les pasteurs ; Mosoch, les commerçants de l'ambre, enfin Thiras qui symbolise les chasseurs diligents et les nomades toujours en marche.

Telle fut, d'après la tradition et la légende, la postérité de Japhet.

C'est Gomer, qui fut le père des Celtes, dénommés Cimmériens, avant l'incendie des forêts.

A son tour, Gomer eut trois fils : Askenas, patriarche des Celtes, Riphat, patriarche des populations alpestres et pyrénéennes, Togarma, patriarche des Astyriens, Erithéens et Sidoniens; ces trois rameaux celtiques se livraient exclusivement au commerce.

D'après Hésiode, Prométhée ne serait autre que Japhet, qui le surnomme *Titan*. Or, d'après la mythologie, les Titans qui firent la guerre aux Dieux ne seraient autres que les Celtes qui, au moyen du feu, changèrent totalement l'aspect d'une grande partie de la terre ; aussi étaient-ils considérés comme les enfants de *Ur* (le feu) d'où le nom d'Urope, Europe donné à leur pays d'origine.

Mais même en rejetant tout ce qu'il peut y avoir de fabuleux dans la légende de Prométhée, Diodore nous apprend qu'il fut le conservateur du feu ; il le dit en ces termes : « On a écrit que Prométhée, fils de Japhet avait dérobé aux Dieux le feu pour en faire présent aux hommes ; ce qui est aussi certain, c'est qu'il inventa la manière de le conserver par des matières ignorées avant lui. »

C'est dans les grottes et les cavernes où l'on conserva le feu en l'alimentant avec la plante dénommée *Ferula*, précisément parce que la Férule a la propriété de conserver et de prolonger d'une manière lente et continue l'action du feu et ce qui a répandu la légende de *Vulcain*, emblème du feu, d'après lequel, ce Dieu serait né avec de mauvais pieds et une jambe torse, qui l'empêchait de tenir longtemps sur ses jambes ; mais Junon, à l'aide de nuages et de nuées l'aurait soustrait à nos regards.

Les filles de l'Océan (qui passent pour le premier type de l'espèce humaine), Thétis et Eurygnome le cachèrent pendant neuf années au fond d'une grotte. Ces neuf années indiquent le temps employé par les hommes, pour connaître la navigation.

On donne comme compagnons à l'inventeur du feu, à Prométhée, les *Cyclopes* (tournant autour du feu). Cicéron nous dit qu'on les dénomma *Titans* puis *Curètes*. Ce sont les mêmes Curètes qui furent ultérieurement dénommés *Cabires*.

D'après Denys d'Halicarnasse, Prométhée aurait été le père de Deucalion dont le nom Deu-ca-lion signifierait fils de l'inondation, du feu.

Ce Deucalion représenterait cette race d'hommes qui, échappée au déluge, fut témoin de l'incendie.

Le nom de *Pyrr-he* sa femme, signifierait : *Origine ignée !..*

L'union de Deucalion et de Pyrrha symbolise l'alliance des hommes avec le feu.

Si Prométhée passe pour avoir été le créateur de l'homme, Deucalion, son fils représente la Race humaine régénérée par l'eau et le feu. Celui-ci aurait été un bienfait du Prométhée celtique : OGMI.

CHAPITRE XXVI

LES PLANS DE LA NATURE. — LES PÉRIODES DU MONDE. — LES RONDES. — LES PLANS DE CONSCIENCE.

On désigne sous le nom de *Plans de la Nature*, les différents états de la substance manifestée dans l'Etre Absolu et cela à partir du commencement d'une manifestation jusqu'à sa fin. — Dans la nature manifestée, il existe sept plans, du moins dans notre *Manvantara* ; voici leur désignation en partant du plan inférieur pour atteindre au plus élevé : 1, le plan physique. — 2, le plan astral, dit *Formatif*. — 3, le plan spirituel ou *Plan Idéal*. — 4, le plan spirituel *Nrénirvanique*. — 5, le plan *Nirvavique*. — 6, le plan *Paranirvanique*. — 7, le plan *Suprême*.

Le processus de la manifestation allant à l'expir de haut en bas et inversement à l'Inspir, il aurait fallu procéder notre énumération par le plan le plus élevé et terminer par le plan physique.

De ces sept plans de la nature dérivent sept états principaux de la substance ; on les dénomme : Substance Physique, Astrale, Jivïque ou Pranique, Fohatique, Mahatique, Alayique et Atmique.

Chacun de ces plans comprend sept sous-plans, ce qui fait quarante-neuf sous-plans dans la Nature.

Voici quels sont les sous-plans physiques :

Le premier sous-plan est l'état dit solide.
Le second « « Liquide.
Le troisième « « Gazeux.
Le quatrième « « Aithérique n° 4.
Le cinquième « « Aithérique n° 3.
Le sixième « « Aithérique n° 2.
Le septième « « Aithérique n° 1.

Le premier sous-plan au-dessus de l'aithérique n° 1 est le premier sous-plan astral et ainsi de suite.

Le plan physique est celui sur lequel nous habitons, nous n'avons pas à en parler, puisqu'il nous est suffisamment connu ; nous passerons donc au suivant.

LE PLAN ASTRAL

Ce plan étant le second de la Nature est donc le plus rapproché du plan sur lequel nous vivons : du plan, physique ; comme tous les autres plans il a ses sous-plans, au nombre de sept.

Celui qui est un peu versé dans les choses occultes a souvent conscience qu'il se trouve sur le plan astral, surtout pendant son sommeil, car il est encore fort peu de personnes pouvant éveillées, se rendre en dégagement sur le plan astral. Les médiums peuvent également y arriver, quand ils se trouvent dans un état particulier d'abstraction dénommé *Trance*.

Après sa mort (sa première mort), l'homme vit plus ou moins longtemps sur le plan astral qui devient pour lui le *Kama-Loka*. Le désincarné (le défunt) commence son stage dans le Kama-Loka par le sous-plan qui est adéquat à ses propres facultés, et il vit dans ce sous-plan aussi longtemps que cela lui est nécessaire pour parcourir toutes les subdivisions supérieures qui précèdent le *Dévakan* ; après ce processus, il peut arriver dans celui-ci. On peut se former une idée de la course d'un défunt à travers les sous-plans de l'astral, en s'imaginant, plongée dans un liquide, une boule d'une substance d'une densité égale à la matière du sous-plan inférieur ; puis cette boule s'allégeant de plus en plus par suite de l'épuration que lui ferait subir le liquide qui la baigne, la dite boule remonterait à un sous-plan plus élevé et ainsi de suite, jusqu'au dernier sous-plan du Kama-Loka, qui précède immédiatement le Dévakan.

L'homme vivant dans le plan astral perçoit, avec plus ou moins de clarté, les nombreuses entités qui vivent dans ce plan ; nous renonçons à décrire ces diverses entités, nous dirons seulement qu'elles comportent deux groupes principaux : les Entités humaines et les Entités non humaines.

Les Humains à leur tour se subdivisent en deux groupes, ceux qui possèdent encore leur corps physique et ceux qui ne le possèdent plus.

Au premier de ces groupes appartiennent les hommes dits *Psychiques*, au second les hommes désincorporés (*désincarnés*) : Esprits, Elémentaires, puis les Elémentals artificiels, qui jouent un plus grand rôle qu'on ne croit dans notre humanité, parce qu'ils ont une grande influence sur certaines natures humaines et dès lors, ils peuvent aider ou nuire au *processus* de l'Evolution de l'âme.

Quant à la subdivision des entités non humaines de l'astral, elle comporte une variété infinie, parmi laquelle nous devons une mention spéciale aux *Esprits de la nature* dénommés *Élémentins*, dont les quatre derniers ordres appartiennent à la terre, à l'eau, au feu et à l'air ; nous en avons parlé dans le chapitre de la Kabbalah au Moyen Age. (Tome II, page 89.)

LES PÉRIODES DU MONDE

On désigne sous ce nom les phases du processus de la manifestation, que l'on doit considérer à des points de vue divers ; en premier lieu, il y a la durée des mouvements primordiaux, nommés *Expirs* et *Inspirs*.

Il y a aussi les durées de mouvements secondaires, analogues aux mouvements d'expir et d'inspir qui s'appliquent aux subdivisions du Cosmos.

Il n'a été révélé jusqu'ici que les nombres exo

tériques touchant le système auquel nous appartenons ; quant au système solaire tout entier, la période dont il s'agit est dénommée *Mahakalpa*, c'est le cycle de Brahmâ, chez les Hindous, et sa durée paraît à l'homme bien fabuleuse ; elle est d'environ trois cent onze trillions quarante billions d'années terrestres.

En ce qui concerne la chaîne des planètes à laquelle appartient notre terre, la période est dénommée *kalpa simple*, ce que les Hindous nomment un jour de Brahmâ et qui comporte quatre billions trois cent vingt millions d'années.

Enfin pour la terre proprement dite, la période est le *Manvantara terrestre*, dont la durée est de trois cent six millions sept cent vingt mille années. — Ce manvantara terrestre est divisé en sept périodes de moindre durée qu'on nomme *Rondes*. Une ronde a une durée moyenne de 43 millions 817 mille années ; elle est elle-même subdivisée en cycles qui ont les durées suivantes :

Le *Krita yuga*, 1.728.000 années.
Le *Treta yuga*, 1.296.000 années.
Le *Dwapara yuga*, 864.000 années.
Le *Kali-yuga*, 432.000 années.

Mais nous devons ajouter que ces cycles chevauchent l'un sur l'autre, d'un certain nombre d'années dites *Crépuscules*, d'où il s'en suit que la durée d'une ronde n'est jamais le parfait multiple de la somme des quatre grands cycles formant le Mahayuga et chacun des cycles comprend des sous-cycles dits *mineurs* qui s'appliquent plus spécialement à certains éléments, aux divisions du Zodiaque par exemple.

On nomme *Loi cyclique de Périodicité* : chaque période d'activité dans la manifestation qui est suivie d'une période de repos relatif. Cette loi de périodicité s'applique à tout dans la nature et cela sous mille formes multiples, telles que jour et nuit, la vie et la mort, l'été et l'hiver, etc., etc.

L'Expir ou projection sur divers plans ou bien encore la première manifestation du présent Manvatara réalise l'Individualité de la *Monade*, qui est une entité sous deux aspects différents, car la monade est Esprit-matière : esprit latent ; matière manifestée.

La seconde partie de la manifestation est *l'Inspir*, qui amène par des évolutions successives l'évolution supérieure de la monade individualisée.

Chacun des stages de cette évolution demande une ronde pour son accomplissement, car la Monade passe dans des corps variés appartenant aux règnes minéral, végétal et animal.

A la quatrième Ronde, la forme humaine fait son apparition ; elle est encore imprégnée d'éléments avancés créés par les *Pitris Lunaires*. Ceci constitue la première race au corps d'ombres et à la vitalité imprégnée par des éléments avancés *Lhas* de provenance solaire.

La seconde race n'a été que la solidification, pour ainsi dire, des organismes que nous avons mentionnés.

La troisième Race vit pour la première fois s'accomplir dans l'homme, l'immixtion du mental, apporté par des éléments avancés, provenant bien du soleil, mais de plus haute élévation que les précédents et appelés *Manasa-Putras*.

L'homme complet fut constitué ainsi dès la troisième race-souche, car depuis lors, il n'a pas eu de nouvel apport ; mais le développement successif et graduel, la sortie progressive des sous-plans inférieurs continue sans trêve, ni repos.

Chaque Ronde évolue Sept Races-souches et chaque race sept sous-races.

Les troisième et quatrième Races de la Ronde à laquelle nous appartenons, peuplaient en grande partie les continents disparus dénommés *La Lémurie* et *l'Atlantide*, dont nous avons parlé au chapitre XXIV.

Quant à la majorité de la population actuelle du globe, elle appartient à la cinquième race, et elle renferme non seulement de larges traces de la quatrième race, mais encore elle possède des précurseurs de la sixième race, celle qui va venir.

Quant à l'homme mentalisé, son origine sur la terre remonte, d'après les données fournies par la *Doctrine Esotérique*, cette origine remonte, disons-nous, à environ 18 millions d'années ; quant à la cinquième race, celle à laquelle nous appartenons, son évolution n'a commencé qu'à une époque peu reculée, il n'y a guère qu'un million d'années, d'après le dire des *Maîtres*. — Ce sont là des faits que nous n'aurions pu avancer il y a quelques années seulement, avant la publication d'œuvres Sanskrites et de la littérature Théosophique parues dans ces dernières années. C'est grâce à ces documents authentiques que nous avons pu connaître le développement inégal des Races humaines, la description des continents disparus, les documents sur les races éteintes, enfin l'origine de certains restes (*reliquiæ*) fossiles.

Nous venons de parler des Pitris, nous dirons à leur sujet que l'enseignement occulte nous apprend que les ancêtres de l'humanité terrienne sont des *Pitris*, c'est-à-dire des hommes rudimentaires que produisit la chaîne lunaire. Ces pitris ont été nommés et classés différemment ; généralement, on les répartit en sept classes. La première parvint à l'individualisation dans un corps causal *rudimentaire*, sur la chaîne lunaire ; la seconde classe ne fit qu'évoluer un organisme peu différent du corps causal ; la troisième classe avait moins progressé encore, cependant, elle possédait des rudiments de mentalité ; la quatrième et la cinquième classe n'avaient développé que le principe Kamique ; enfin étaient encore beaucoup moins avancées, la sixième et septième classe.

Ici deux premières classes sont parfois dénommées *Pitris solaires*, Dhyan (choan), Dhyanis inférieurs et même hommes.

PLANS DE CONSCIENCE DE L'HOMME

Ces plans qui constituent des sortes de sous-plans sont au nombre de sept, savoir : le Plan objectif ; le Plan astral proprement dit ; le Plan vital sensitif ou psychique inférieur ; le Plan sensationel intelligent ou Psychique proprement dit (Plan de l'*Ego* personnel) ; le Plan spirituel ; enfin le Plan Atmique (du Soi Supérieur).

L'*Ego* est le Soi différencié par les expériences sur les divers plans de l'Etre.

CHAPITRE XXVII

LES RACES ET SOUS-RACES

D'après la Doctrine Esotérique, l'Evolution de l'humanité sur la terre doit s'accomplir au moyen de sept races principales, divisées elles-mêmes en sept sous-races ou familles qui, à leur tour, présentent une semblable subdivision.

Devant cette affirmation si nette, le lecteur pourra se demander, comment il est permis d'affirmer le fait ci-dessus mentionné.

On le peut, dirons-nous, en opérant par analogie, sachant par exemple que la loi qui précède est confirmée par l'embryologie, par le développement du fœtus humain, qui en neuf mois reproduit toutes les phases traversées par l'humanité, par les Rondes, les cycles, les âges.

Quand parut la première race, l'être dont

l'homme est issu n'avait pas terminé sa descente dans la matière ; il ne devait posséder aucun sens physique, car il vivait sur le Plan astral ; c'était probablement ce que nous nommons un *Elémental* ou plutôt un être analogue ; si nous employons ce terme d'*Elémental*, c'est afin de nous faire comprendre de nos lecteurs.

Le corps de cet être n'était qu'un fluide impondérable, puisqu'il n'avait aucun de nos sens physiques, il était donc invisible pour un organisme matériel.

Cet être ne devait avoir que les sept sens astraux et ce fut aux sept sous-races ou familles qui dérivaient de la première race, à qui incomba la tâche de développer les sept sens astraux de l'homme sur le plan physique.

La première sous-race développa la vue ; la seconde, l'ouïe ; la troisième, le toucher ; la quatrième, l'odorat ; la cinquième, le goût ; quant aux deux autres sens, ils restent encore à l'état latent chez l'homme et ne se développeront que plus tard.

La première famille de la seconde race reprit l'évolution des sens physiques, au point où l'avait laissée la première famille de la première race, mais elle poussa plus loin l'acuité de la vue. Il en fut de même pour les autres sens, chaque famile correspondante de la seconde race perfectionna ce qu'avait fait respectivement les familles de la première race, de sorte que la troisième race survenant, elle se trouva au degré de matérialité nécessaire à l'humanité pour commencer, en sens contraire, son évolution. Les familles de cette troisième race achevèrent donc le développement matériel de l'humanité en lui inculquant surtout une ferme volonté qui remplaça l'instinct primitif.

La quatrième race, celle à laquelle nous appartenons, a trouvé au commencement de notre âge (du Kali-Uga) le développement physique de l'homme à peu près complet, aussi ce développement peut-il être considéré comme le point *terminus*, qui sépare la descente dans la matière de l'évolution vers l'état subjectif.

D'après ce qui précède, on peut donc affirmer que les trois premières familles de la quatrième race complétèrent l'œuvre de la corporisation qui atteignit son apogée durant la quatrième race, mais que le retour vers l'état subjectif a commencé avec la cinquième, c'est-à-dire à celle à laquelle appartiennent la plupart de nos contemporains. Ceux-ci, sauf quelques Australiens et quelques débris hybrides de la quatrième famille, appartiennent bien à la cinquième sous-race de la quatrième race.

Le premier rejeton de cette quatrième famille fût le peuple Aryen qui développa dans l'Asie orientale et dans l'Asie centrale une telle civilisation qu'elle nous étonne encore aujourd'hui.

Où ce premier rejeton a-t-il pris naissance ?

D'après les uns sur les hauts plateaux de l'Himalaya et dans l'Asie centrale, d'après les autres en Europe (voir ce que nous disons à ce sujet dans BÉLISAMA ou l'*Occultisme celtique dans les Gaules*, CHAPITRES II, III, XIII, *sous presse*).

Le cinquième rejeton embrasse la majeure partie des peuples si ce n'est tous les peuples de l'Europe contemporaine. Les sixième et septième rejetons constitueront des peuples nouveaux (des peuples à venir) dont la civilisation éclipsera toutes celles du passé et conduira le retour de l'humanité a son état subjectif et psychique d'autrefois. Chaque famille ou sous-race, avons-nous dit, reprend, à son arrivée sur la terre, l'Evolution des sens physiques, au point où l'a laissé la famille correspondante de la précédente race. L'homme d'aujourd'hui qui appartient (nous l'avons déjà dit) à la cinquième famille de sa race, jouit seulement des cinq sens physiques, que lui a légués la famille correspondante de la troisième race ; ce ne seront que les familles suivantes (la sixième et la septième) qui développeront dans leurs rejetons les deux derniers sens, que l'homme ne possède que sur les plans astral et psychique ; mais ce sixième sens ne se développera que peu à peu, au fur et à mesure de l'avancement évolutionnaire de la cinquième race.

Il existe de nos jours, mais en bien petit nombre, des personnes qui peuvent agir et concevoir d'une manière consciente sur les plans astral et psychique, mais nous nous plaisons à le répéter, ces individualités sont fort rares, mais plus nous avancerons plus s'accroîtra leur nombre et le jour où beaucoup d'humains seront doués du sixième et septième sens, dits *de transmission ;* ceux-ci se développeront graduellement sur le plan physique, comme cela a eu lieu pour les cinq autres, qui primivement ne furent également que des sens astraux.

Le nombre de personnes possédant actuellement le sixième sens, le *sens intime*, est déjà assez considérable, pour que la science s'occupe de celui-ci et de ses manifestations diverses qu'on nomme : *Télépathie, Transmission de pensée, Psychurgie, Suggestion, Extériorisation, Double vue* ou clairvoyance, *Clairaudience*, etc., etc.

On peut considérer comme absolument certain le fait que plusieurs races ont habité successivement notre planète. Ces races, nous venons de le voir, ont progressé peu à peu, au point d'arriver au degré de perfectionnement physique et mental que nous avons aujourd'hui.

Après avoir pris un grand accroissement, chaque race a commencé par diminuer, puis à disparaître complètement pour faire place à une nouvelle race. Dans le cycle de leur destinée, les races arrivent toutes au *summum*, au point décisif, dans lequel le *grand choix* doit être fait entre la matière et la spiritualité ; nous sommes arrivés à un de ces moments décisifs. Le grand choix consiste pour les races, nations, familles, individus, à prendre une décision pour suivre la voie élevée ou la voie inférieure, pour opter entre le bien ou le mal, pour choisir entre la vérité ou l'erreur.

Deux des races qui nous ont précédé (les Lémumuriens et les Atlantes) préférèrent suivre la voie de la matière, aussi par ce choix amenèrent-elles la destruction de leurs continents et furent-elles englouties sous les eaux !...

Il ne reste aujourd'hui de ces deux races que des descendants dégénérés ou en dégénérescence ; parmi les premiers nous mentionnerons les Védas, les Boschimans, les Akkas, les Tasmaniens, qui sont tous des Lémuro-Atlantéens.

Parmi les descendants en dégénérescence, nous citerons certaines tribus velues, qui habitent les parties montagneuses de la Chine, ainsi qu'un grand nombre d'individus appartenant à la Race jaune ; ceux-ci d'origine purement Atlantéenne.

Les Lémuriens étaient les habitants du continent austral dénommé *Lemuria*, dont les îles du Pacifique sont considérées comme des débris; quant aux Atlantes, ils habitaient sur les îles immenses de l'Atlantide, c'est-à-dire qu'ils occupaient l'emplacement de notre Océan Atlantique et dont les Açores, les îles des Canaries, celles du Cap-Vert et Ténériffe sont les restes ; nous l'avons dit précédemment.

L'Atlantide occupait également de grandes parties du Continent Africain, nous l'avons vu principalement dans le Nord-Ouest.

Si nous nous en rapportons aux travaux des Théosophes, la Race Européenne est arrivée au moment décisif où elle doit faire le grand pas, c'est-à-dire le *grand choix* et où l'Instructeur du xxe siècle « apportera la nouvelle dispensation » pour aider les hommes de notre race à choisir la bonne voie. — Les Théosophes ajoutent que leur enseignement prépare la voie et que les *grands*

Initiés font un travail éminemment pratique et des plus utiles pour le genre humain (1).

RACE PRÉHISTORIQUE. — LES PRÉ-ADAMITES

En ce qui concerne les *Pré-Adamites* nous avouons ne pas être fixé sur la question, bien que les Théosophes, eux, soient très affirmatifs ; mais nous ne pouvons partager leurs convictions ; aussi nous emprunterons à l'un d'eux, à notre ami le Dr Pascal, ce qu'il nous apprend sur les Pré-Adamites dans le Lotus Bleu (2) :

« Au commencement de notre 4e Ronde, la création de l'homme s'effectua de nouveau par le procédé universel des *recommencements*, de même qu'à chaque formation (3) d'un corps physique s'opère un nouveau déroulement complet des cycles évolutifs des règnes inférieurs, de même au début de chaque ronde, le *germe* du type humain de la ronde précédente reprend la série entière de ses opérations passées.

« L'homme qui s'incarne (se réincarne plutôt)

---

(1) Cf. à ce sujet : Dr Pascal. — A B C *de la théosophie.*
(2) N° 8, 27 octobre 1898, p. 270.
(3) C'est *re* formation qu'il faudrait dire.

n'est en pleine possession de ses facultés antérieures que lorsque l'organisme qui lui sert d'instrument est pleinement développé ; ainsi la forme physique des races terriennes, quand l'évolution reprend la construction au début de la 4ᵉ ronde, passe par tous ses stages précédents et ne produit la forme ultime, à laquelle elle était arrivée dans les rondes antérieures, qu'après de longs âges.

« C'est pourquoi les premières races (1) ne sont guère des races, si on compare leurs formes avec celles des races actuelles ; ce sont des véhicules en reconstruction, des *recommencements* incapables encore de servir d'instruments à des facultés élevées. L'essence animique qui les vivifie est, elle-même, loin d'avoir atteint le stage auquel elle est arrivée maintenant (2), c'est encore un être in-

---

(1) La *vague de vie* sur notre planète, au cours de la ronde actuelle, aide le développement de l'un des *principes* humains ; ainsi la 4ᵉ Race était affectée au Kama (âme animale) ; la 5ᵉ développe *Manas* (le mental). La 4ᵉ ronde est consacrée au *Kama*, la 5ᵉ sera spécialisée à *Manas*. Même remarque pour les chiffres 4 et 5, dans les sous-races, cela veut dire que, bien que la dominante de notre ronde, par rapport à l'humanité, soit Kamique, le chiffre 5 imprime actuellement à cette dominante une impulsion manasique plus ou moins vigoureuse. Ainsi le maximum d'énergie *mentale* dévolué à notre ronde se rencontre dans la 5ᵉ sous-race (la nôtre) de la 5ᵉ race mère. De même le maximum d'énergie *Kamique* s'est manifesté dans notre chaîne, dans la 4ᵉ sous-race de la 4ᵉ race, de la 4ᵉ Ronde.

(2) Le développement des âmes est parallèle à celui des

telligent (si nous donnons à ce mot son sens ordinaire) un être purement instinctif, mais hautement instinctif, doué même de ce que l'on nomme *Intuition*, si l'on supprime à ce mot sa signification de connaissance *intelligente, raisonnée*.

« Les corps des premières races étaient d'immenses globes de substances ténues, les *globes ailés*, dont Platon parle dans *Phèdre*. Ces globes n'avaient pas d'ailes, mais leur locomotion était facile et si rapide que le symbolisme leur en a donné.

« Il n'y avait alors, ni mâle ni femelle ; les sexes n'existaient que potentiellement et ils ne se développèrent que plus tard : c'est la période de l'*Adam Solus* de la Genèse.

corps ; l'instrument est d'une perfection appropriée au talent de l'artiste. Les deux premières races et demie n'étaient que des corps en construction, animés par de l'essence élémentale et non par des *Egos*. L'essence élémentale (animique, dit notre phrase), c'est de la vie Buddhique véhiculée par de la substance Dévachanique (mentale). Quand, après des incarnations sans nombre dans des formes inférieures, elle anime enfin des corps humains et reçoit le rayon atmique (celui qui a sa source dans le 1er Logos (Dieu le Père), fertilisateur, une âme humaine (corps causal) est créée : cela s'est produit, dans notre ronde, vers le milieu de la 3e race, en même temps que se produisit ce que le symbolisme chrétien (incompris aujourd'hui) nomma la *chute des Anges*. Un humain possède donc les trois essences : celle du 3e Logos qui préside à l'évolution de la matière, celle du 2e Logos qui est chargé de la construction des formes, et celle du 1er Logos qui représente la vie, l'âme, la *conscience*.

« Le principe mental n'existait pas et les hommes ne pensaient pas, comme nous pensons ; leur vie intérieure était comme un rêve dirigé par une intuition inconsciente : c'est ce que la Bible exprime quand elle nous dit qu'*Adam dormait*.

« C'est la période Pré-Adamite ; elle embrasse presque toute la première moitié de la 4ᵉ Ronde (1), et ne cesse que lorsque la 3ᵉ Race, après avoir reproduit en les perfectionnant les formes de la troisième ronde, commence l'évolution des sexes séparés. A ce moment, *Eve est formée d'une des côtes d'Adam*, ajoute l'allégorie ; ce qui veut dire que l'*Adam Solus* cesse d'être et que les hommes naissent dans des corps ayant un sexe particulier. »

TROISIÈME RACE

La deuxième moitié de la seconde race, après des modifications physiologiques considérables et des hybridations monstrueuses (2), se constitua,

---

(1) La Durée des Rondes est tenue secrète, mais on peut avoir une idée de leur longueur quand on apprend qu'il s'est écoulé depuis le milieu de la 3ᵉ Race de notre quatrième ronde, 18 millions d'années environ.

(2) Ces hybridations ont donné naissance à des races mons-

grâce à l'appui des *Aînés*, en une civilisation puissante qui florit durant des milliers d'années sur l'immense continent qui s'étendait alors de l'Inde au pôle Sud et de l'île de Paques à Madagascar : *Lémurie*.

« Nous savons peu de chose encore de cette étrange civilisation, car les *Initiés* n'ont pas fait connaître le résultat de leurs travaux sur ce point, mais l'on dit que sa Religion dégénéra en fétichisme et que ses individus avaient la stature (1) que l'on trouve aux images d'eux-mêmes qu'ils taillèrent dans le roc des pics Océaniens.

« Les Initiés de la quatrième Race de leur côté ont laissé, dans les statues de Bamian (2) la mesure de cinq races qui ont jusqu'ici vu le jour sur la planète. La statue la plus élevée atteint 173 pieds,

---

trueuses, dont les descendants, modifiés par d'autres croisements, se retrouvent d'un côté, parmi les peuplades les plus inférieures de l'humanité actuelle, de l'autre dans les singes.

(1) Ils avaient 8 à 9 mètres de taille.

(2) Bamiam, dans l'Asie Centrale, est une petite ville curieuse à mi-chemin de Caboul à Balkh, au pied du Khahibaba (de la chaîne Paropamisian) à 8.500 pieds d'altitude. Les cinq statues sont dans la vallée, à l'entrée du tombeau redécouvert par Hionen Thsang, le fameux voyageur chinois du VIIe siècle (Secret Doct) Le marquis de Nadillac (archéologue et anthropologue français) dit qu'il n'y a nulle part de figures plus colossales que la première de ces statues. Elle est vêtue d'une toge ; Nadillac croit qu'elle représente Bouddha.

c'est la taille des corps de la première race ; la seconde a 120 pieds, elle représente le corps des hommes de la deuxième race ; la troisième a deux spécimens, l'un qui représente les corps de la première moitié de la race a 60 pieds, l'autre qui caractérise la deuxième moitié (1) a 27 pieds ; la quatrième, type du corps de la quatrième race, a 10 pieds, la cinquième a la taille des hommes actuels, ceux de la cinquième race.

Les descendants de ces géants se rencontrent dégénérés et modifiés par des croisements, chez les Tasmaniens et une partie des Australiens, dans une tribu des montagnes du centre de la Chine, tribu dont les individus sont couverts de poils, dans les sauvages de Bornéo, les akkas de l'Afrique Centrale, les Vedhas de Ceylan, les Negritos, les Boschimans et les insulaires Andamans. Pour parler des hommes de la quatrième race, il nous faut recourir aux travaux de Scott Elliot (2) qui a résumé dans son *Histoire de l'Atlantide* de nombreux Théosophes Européens.

D'après ces travaux, le noyau de la quatrième

---

(1) La race Lémurienne.
(2) *The history of Atlantis*. L'Atlantide, nous le savons, occupait l'immense continent compris entre l'Afrique et le nouveau monde.

race serait né, il y a quatre ou cinq millions d'années, sur une contrée voisine de la Lémurie et représentée aujourd'hui par la côte *Achanti*. Cette race comprenait des sous-races très distinctes qui occupèrent différents points du continent et qui, dans le cours de leurs migrations, se répandirent dans le monde entier.

Le type de la race était brachycéphale de forte grande taille (environ 3 mètres) et avait la peau couleur d'acajou. Cet homme avait une intelligence des plus rudimentaires ; il était incapable de concevoir un plan quelconque, un système de gouvernement. Un manou ou Adepte de haut grade (un grand Esprit planétaire, une sorte de Nirmanakaya) s'incarna dans le noyau de la race, afin de lui donner des lois et diriger ses premiers pas dans la civilisation. Les restes fossiles de cette race en pleine dégénérescence ont été trouvés dans les couches du terrain quaternaire, on les désigne sous le nom de l'homme de Furfooz ; mais à en juger par les débris retrouvés la taille gigantesque avait disparu, car elle n'atteignait plus cette taille ; elle n'avait que 2 mètres à peine, c'était donc la taille de l'homme actuel.

Deux courants avaient transporté au loin les hommes de cette quatrième race, l'un d'eux avait émigré vers les rives du continent Atlante, où il se mêla aux représentants des sixième et septième sous-races Lémuriennes ; l'autre courant se dirigea vers le Nord-est, c'est-à-dire vers les terres occupées aujourd'hui par l'Islande, le Groënland, la Bretagne et la Picardie.

Cette première sous-race porte, d'après l'anthropologie moderne, le nom de kmoahals. Les hommes de la deuxième sous-race, les *Tlavalti*, étaient des géants mais moins grands que ceux de la première sous-race ; ils étaient aussi moins noirs, de couleur rouge brun ; ils étaient nés sur une grande île de la côte Atlantide, en partie occupée aujourd'hui par l'Amérique centrale.

Ces *Tlavalti* étaient gouvernés par des chefs désignés par acclamation dans de grandes réunions ; l'émigration les dissémina un peu partout sur la partie Nord du continent d'abord et de là, ils rayonnèrent du Groëland et de la presqu'île Scandinave jusqu'à l'Inde.

Le *Tlavalti* dégénéré était dolichocéphale et serait le type fossile dit *l'homme de Cro-Magnon*, dont nous ne possédons que la mâchoire. Ces *Tlavalti* passent pour avoir été les créateurs des cités lacustres de la Suisse et le type qui les représenterait physiquement le mieux seraient les *Indiens* rouge brun de l'Amérique du Sud.

Les Birmaniens et les Siamois modernes passent pour avoir du sang *Tlavalti* dans les veines, mélangé avec beaucoup de sang Aryen.

La troisième sous-race comprend les Toltèques qui naquirent au centre même de l'Atlantide, dans la portion occupée aujourd'hui par le Mexique et une partie au Sud des Etats-Unis. Ils étaient moins grands que les *Tlavaltis* (leur taille avait 1^m,90 en moyenne), mais ayant des traits réguliers, ils étaient moins laids qu'eux; leur peau avait un teint cuivré. Ils furent longtemps les maîtres du continent et à un moment donné, la race fut assez évoluée pour posséder des *Initiés*. Un de leurs rois était même un Adepte et sa dynastie se perpétuant par l'hérédité, et cela pendant des milliers et des milliers d'années, il régna un âge d'or qui ne dura pas moins de cent mille ans, puis enfin, survint la décadence et un *Mage noir* surgit tout à coup et disputa le pouvoir à *L'Adepte de la Bonne Loi*. Des luttes sans fin s'engagèrent entre les deux partisans et la *force prima le droit*. Les Adeptes de la *Bonne Loi* eurent le dessous et furent vaincus par les Sorciers et les Mages noirs, qui étaient beaucoup plus nombreux. Ceci se passait 50.000 ans avant la première grande catastrophe (Déluge) qui détruisit, il y 800.000 ans, une partie du continent et en ravagea une plus grande partie encore, par des cataclysmes : cyclones, tornades, tremblements de terre, etc., etc.

Les Adeptes de la *Bonne Loi* savaient parfaitement qu'un cataclysme allait se produire, aussi prirent-ils la tête d'une migration qui se dirigea vers l'Ouest ; ils gagnèrent la partie des terres occupées aujourd'hui par le Mexique et le Pérou. C'est alors que ce pays eût son *Age d'or* sous les Incas ; il y a de cela 15.000 ans environ.

Mais la Sorcellerie progressant de plus en plus, l'Atlandide devint complètement inhabitable pour les Adeptes de la *Bonne Loi*, aussi se dirigèrent-ils en masse (il y a environ 400.000 ans) vers l'Egypte qui devint le siège de la Fraternité des Adeptes qui y résidèrent 200.000 ans (il y a environ 210.000 ans de cette fondation). Ils établirent un empire gouverné par la première dynastie Divine, qui érigea les grandes Pyramides de Gizeh.

A quoi servaient ces Pyramides ?

La question a été agitée dans tous les temps et sous toutes ses phases. Nous ne la reprendrons pas ici, l'ayant traitée ailleurs (1) ; nous dirons seule-

---

(1) Isis dévoilée, un vol. in-18, Paris. 2ᵉ édition, 1897.

ment que l'opinion la plus accréditée parmi les théosophistes est que ces pyramides servaient à la fois de temples Initiatiques, de dépôt pour le Trésor des Pharaons et de cachette pour les instruments occultiques qui venaient pour la plupart de l'Atlantide ; enfin elles contenaient, dit-on, un TALISMAN d'une valeur considérable puisqu'il était destiné à faciliter, pendant l'ensevelissement sous les eaux qui allaient survenir, *la conservation des forces psychiques* et autres, produites depuis des myriades de siècles par la Grande Fraternité. — Le cataclysme survint et pendant de longs siècles la mer couvrit la terre des Pharaons.

Une partie des habitants de l'Egypte avait gagné les montagnes de l'Abyssinie, elle ne redescendit dans la plaine que quand les terres reparurent. A cette population autochtone, se joignirent des colonies Atlantes et une immense émigration d'Accadiens. Ce sont ceux-ci qui modifièrent d'une manière sensible le proto-type Egyptien ; c'est à ce moment que s'établit la deuxième dynastie Solaire ou Divine.

Les Accadiens constituèrent la sixième sous-race, mais elle ne s'en mêla pas moins à la troisième sous-race qui n'était pas encore entièrement éteinte.

Ultérieurement, il y a aujourd'hui 80 000 ans, eut lieu un nouveau déluge, mais qui ne fut que momentané. C'est alors qu'apparut la troisième dynastie, celle mentionnée par Manéthon. C'est cette dynastie qui fonda Karnac et la plupart des immenses monuments dont nous pouvons admirer encore aujourd'hui les imposants et magnifiques débris qui, malheureusement, s'effondrent chaque jour. — Enfin, il y a environ 12.500 ans l'île de Poséidon, dont parle Platon vint à s'affaisser et les flots se propageant au loin engloutirent encore l'Egypte, et bien que cette dernière inondation ait été de courte durée, la Grande Fraternité transporta ailleurs son siège. Dès cette époque cessèrent les Dynasties Divines. On suppose assez généralement que les descendants des Egyptiens sont les rares Indiens rouges des deux Amériques.

Vers la fin de leur race, les Toltèques furent vaincus par les Aztèques et ce sont les restes dégénérés de ceux-ci que les Espagnols retrouvèrent en Amérique, lors de leur envahissement de cette contrée. — Les trois premières sous-races sont appelées *Races rouges* et les quatre sous-races suivantes : *Races jaunes*. Aux plus beaux jours de l'Atlantide, notre planète contenait deux milliards d'habitants.

Nous croyons utile de relater ici une curieuse découverte du Directeur du *Museum* d'histoire naturelle de New-York. — En 1898, M. Marshall H. Saville a découvert au Mexique les ruines d'une ville préhistorique, que l'on croit avoir été Zachila, l'ancienne métropole des Zepotecas. C'est en se rendant près d'Oaxaca pour y étudier un ancien temple Azetèque que l'éminent archéologue remarqua d'énormes monticules, des vrais monts groupés d'une façon symétrique, ce qui attira son attention. Il fit faire quelque sondages et pratiquer des fouilles qui lui firent découvrir des sortes de pyramides qui, bien que de moindres dimensions que celles d'Egypte, renfermaient cependant des caveaux funéraires. M. H. Saville découvrit aussi sur un monticule plus éloigné du groupe précédent divers monuments au milieu desquels il trouva des poteries renfermant des ossements humains, qui auraient certainement appartenu à une sous-race très ancienne, mais qu'il est bien difficile de pouvoir désigner. Les poteries étaient couvertes d'inscriptions.

Parmi les monuments découverts quelques-uns ont le couronnement de leur porte orné de sculptures et les murs intérieurs des cellœ (chambres) sont revêtus de peintures qui, bien que ternies, laissent cependant deviner leurs belles couleurs primitives.

D'après M. Saville une chambre sépulcrale paraît avoir été un tombeau de famille, la porte de cette chambre portait sur son fronton une inscription qui rappelait à la vue les hiéroglyphes égyptiens. M. Saville a fait mouler cette inscription pour en adresser des exemplaires à divers archéologues européens, afin d'avoir, si possible, sa signification.

Le mont en question qui porte des monuments divers : Temples, Palais, Amphithéâtre, est désigné sur les cartes mexicaines sous le nom de Monte Albano.

Un antiquaire, M. Leplongeon le célèbre explorateur du Yucatan, est heureux de la nouvelle découverte, car il prétend qu'elle vient affirmer sa croyance que la civilisation du monde a commencé sur cette partie du continent américain. Il croit également que les habitants de Zachila étaient bien les Zepotecas, mais que ceux-ci ne furent pas les premiers habitants de l'Amérique ; que ce furent les Mayas, qui existaient il y a plus de dix mille ans.

Suivant les archéologues américains, la connexion entre Zachila et le siège de la civilisation égyptienne a une grande portée et peut renverser bien des théories ; en effet, la découverte de M. H. Saville a ceci de remarquable qu'elle pourra aider à remonter à l'origine de la civilisation des premiers habitants du Continent Américain, qui n'étaient peut-être pas aussi sauvages, qu'on a bien voulu le dire jusqu'ici!

Avant de clore ce chapitre, nous devons dire qu'il a été écrit ainsi que le précédent avec des documents qui nous ont été fournis par des livres Sanskrits traduits en anglais ; nous avons notamment puisé dans les travaux de Elliot Scott, de Leadbeater et, comme nous l'avons dit *supra*, de notre collègue et ami le Docteur Pascal, qui a déjà tant fait pour la Théosophie et qui se propose de faire encore davantage, aujourd'hui qu'il est Secrétaire général de société théosophique (section Française).

SÉMITES ET ARYENS

L'origine des Aryas ou Aryens est une question qui nous paraît impossible à déterminer à l'heure actuelle, faute de documents authentiques, sur lesquels on puisse s'appuyer solidement.

Sont-ils venus de l'Inde ou bien ces Aryas sont-ils autochtones de la partie du monde dénommée aujourd'hui l'Europe ?

Beaucoup d'ethnographes, de linguistes et d'archéologues affirment que les Aryas descendent directement des Celtes et sont originaires de l'Europe, d'autres qu'ils sont venus de l'Inde par des migrations successives.

Le lecteur comprendra qu'il ne nous est pas possible d'effleurer dans cet ouvrage cette question très épineuse.

Nous l'étudierons dans une autre œuvre dans BÉLISAMA ou l'*Occultisme Celtique dans les Gaules*; dans le présent travail, nous nous bornerons à indiquer en quelques lignes la version qui nous paraît la plus logique, la plus vraisemblable, celle à laquelle nous nous sommes arrêtés après de longues et pénibles recherches, après un travail opiniâtre qui nous a demandé des années ; or, notre opinion mûrement réfléchie est celle-ci : Les Aryas descendent vraisemblablement des Celtes qui habitaient le nord d'Ouest de la contrée aujourd'hui dénommée Europe, et que Ram, l'un des chefs Celtes, craignant de voir un conflit éclater entre deux grands *clans*, deux grands groupes celtes, se mit à la tête de l'un d'eux et prenant pour enseigne un bélier (Aries) partit pour l'Asie en passant par la partie orientale de l'Europe, et se rendit de là dans l'Inde. Voilà notre opinion que nous ne pouvons étayer ici par des preuves; mais nous demandons à notre lecteur de nous croire sur parole jusqu'à ce qu'il lui soit possible de lire dans *Bélisama*, les motifs qui ont servi à étayer notre opinion. — Nous ajouterons que nous ne disons pas que le terme Aryens soit dérivé du mot *Aries* (bélier), mais nous supposons que ce terme latin est dérivé d'un terme celtique qui ne devait pas beaucoup différer d'Aries, terme qui a servi à former le mot Aryens ou *Aryas*. Ce que nous pouvons bien affirmer, c'est la haute antiquité de ceux-ci, nous trouvons en effet les Aryens en contact avec les Sémites par leur rameau Iranien.

Dès le temps de Salomon, fils de David, on trouve des relations exister entre les Hébreux et les Aryas; ces relations sont consignées dans la Bible et se rapportent au commerce maritime qui existait déjà à cette époque entre la race Sémite et la race Aryenne.

On peut donc conclure de ce fait qu'au temps du roi Salomon, les Aryas étaient parvenus au bord de la mer.

LE SÉMITISME ET L'ANTISÉMITISME MODERNES

Dans ces dernières années, il a été grandement question du Sémitisme dans toute l'Europe, aussi nous ne saurions terminer ce dernier chapitre de notre livre sans parler ici de cette question.

La violente campagne entreprise contre le Sémitisme a donné naissance à une littérature sémitique si considérable qu'elle constitue à l'heure présente une véritable Bibliothèque, en faveur du Sémitisme ; cette campagne a même donné du ressort, de la vitalité à la cause Sémitique, donc les Antisémites, groupe peu nombreux, mais fort remuant, ont travaillé contre leur but, contre leur idée, ils ont réveillé dans notre pays l'esprit sémitique qui se trouvait depuis 30 ou 40 ans bien noyé dans l'esprit général.

Le précurseur, le saint Jean-Baptiste des écrivains Sémites, Philosémites, pouvons-nous dire, a été M. Saint-Yves d'Alveydre qui a eu soin de nous dire « qu'il n'avait pas une goutte de sang juif dans les veines ».

Cette observation était bien nécessaire, car dans le volume dont nous allons bientôt parler, il a tout l'air de plaider *pro domo suâ !*

Nous voulons bien croire cependant M. Saint-Yves sur parole, mais il n'est pas moins vrai que son énorme volume n'est qu'une apologie parfois maladroite, en faveur des Juifs qui ont, d'après l'auteur, une mission à remplir. Or, rien n'est moins prouvé, pas plus du reste que de nombreux faits allégués par l'auteur, et cela sans aucune espèce de preuves.

La mission que les Juifs paraissent s'être donnée, c'est l'exploitation du commerce, de l'industrie et surtout de la finance !

Ce sont, en effet, les Juifs qui ont inauguré chez nous cette spéculation effrénée qui a principalement caractérisé le second empire et qui a tant fait de ravages dans l'Epargne française.

Mais pour rendre hommage à la vérité, nous devons ajouter cependant que les Juifs n'ont pas, tant s'en faut, le monopole de la spéculation, de l'accaparement et des coups de Bourse. Ils ont pour émules, sinon pour collaborateurs, un très grand nombre de chrétiens.

Nous n'insisterons pas ici sur cette question ; évidemment les Israélites ont créé un courant de spéculation énorme, c'est là un fait très certain, incontestable ; mais ce courant a-t-il été préjudiciable à la fortune publique française ? Nous ne le pensons pas, et c'est là une toute autre question que nous ne saurions étudier ici, car nous ne faisons pas de l'économie financière.

De même, nous n'écrirons pas pour réfuter ou approuver quantité de volumes glorifiant plus ou moins les Enfants d'Israël, volumes écrits évidemment pour prouver l'utilité absolue des Israélites dans le monde.

A la tête de cette littérature se place le volume de M. Saint-Yves d'Alveydre : *La mission des Juifs*, qui a été certainement l'étincelle qui a mis le feu aux poudres antisémitiques.

Dans la préface de son livre, M. Saint-Yves nous dit : « dans *la Mission des Juifs*, je m'adresse aux savants Talmudistes, aux Kabbalistes, aux Esséniens, aux Nasis, non comme un étranger, mais aussi comme l'un d'entre eux possédant la science orale laissée par Moïse même.

« Et j'agis ainsi, parce que je leur démontre, appuyé sur l'Histoire du monde et sur la leur, que la Synarchie, le gouvernement arbitral, trinitaire, tiré des profondeurs de l'initiation de Moïse et de Jésus, est la promesse même des Israélites, comme la nôtre est le triomphe même d'Israël par la Chrétienté ».

Telle est la thèse que va soutenir dans son Livre, l'auteur. Dès ce début, on voit qu'il ne veut pas séparer les Israélites des Chrétiens, qu'il va traiter en un mot du Judéo-Christianisme, qu'il considère comme une seule et même chose, celle-ci continuant celle-là; le Christianisme étant le successeur ou mieux la suite du Judaïsme. Nous pensons que l'auteur fait ici fausse route, l'Antisémitisme le prouve surabondamment, nous n'avons pas besoin d'insister pour faire admettre cette idée à nos lecteurs et cependant M. Saint-Yves prétend suivre la Tradition, être guidé pour ainsi dire par elle.

Et que faut-il pour comprendre la Tradition ?

« Il faut être humble et doux de cœur et se sentir pauvre d'esprit comme le dernier des petits enfants, pour recevoir avec amour la Tradition et la Vérité; et c'est ainsi que je les ai reçues, il y a plus de vingt ans. »

L'auteur est-il humble de cœur (sa douceur ne nous regarde pas), nous ne le croyons guère, car quelques lignes au-dessus de notre dernière citation, il nous dit : « à tous enfin, depuis les plus orgueilleux, jusqu'aux plus humbles, depuis les plus grands et les plus adulés jusqu'aux plus dédaignés, j'ai non seulement le droit, mais surtout comme les Initiés Antiques, le devoir de témoigner ainsi de la Vérité, qui a été confiée à la garde de ma constance et de ma fidélité depuis ma dix-neuvième année.

« Cette vérité, que je ne dois à aucun centre d'initiation actuellement existant, mais seulement à un mort possédant la Tradition, et auquel je rendrai hommage en temps et lieu, c'est Elle qui a voulu parler par ma bouche, en Souveraine chez les Rois ; en Initiatrice chez les Prêtres ; en sœur de charité, chez les humbles ; en amie parmi tous les hommes, à travers toutes les Nations et du fond de tous les cultes. »

Ces lignes ne sont peut-être pas d'un esprit modeste, mais enfin nous ne chicanerons pas M. Saint-Yves il a une grande valeur en tant qu'écrivain et il a le droit, d'après l'adage Socratique, de se connaître :

« *Connais-toi toi-même.* »

Nous admettrons donc que M. Saint-Yves est humble et doux de cœur, quoi qu'en ait dit un charmant auteur (1) et qu'il avait droit ainsi *de recevoir avec amour la Tradition et la Vérité.*

---

(1) Mme Cl. Vau.

Mais qu'est-ce que la Tradition et la Vérité; et quelles preuves peut-on donner de celles-ci ?

Et le modeste auteur nous répond :

« De telles choses ne s'inventent pas ; elles se trouvent là, où elles sont, et on les prouve, quand et comment il le faut.

« J'en témoigne dans les deux œuvres précédentes et dans celle-ci.

« Le reste en mains sûres, dans plusieurs pays et à l'abri des coups qui peuvent partir de différents centres de pouvoir qui, pourtant, n'empêcheront rien de ce qui doit s'accomplir.

« Ce que je réserve comme Esotérisme dans mes œuvres, ne sera livré qu'à la première Chambre indiquée dans mes œuvres précédentes ».

Si quelqu'un a regretté que depuis si longtemps M. Saint-Yves ne nous ait pas livré tout l'Esotérisme qu'il dit posséder, c'est bien nous, car nous aurions fait profiter nos lecteurs de ce que nous aurait appris à ce sujet notre auteur ; d'autant que l'Esotérisme qu'il nous aurait révélé ou dévoilé, n'aurait pas été certainement à la portée du premier venu, et qu'il aurait fallu positivement un intermédiaire entre M. Saint-Yves et le public ordinaire, aussi nous nous serions fait l'interprète de notre auteur distingué.

Ce qui prouve bien ce qui précède et qui montre que nous ne commettons pas une erreur d'appréciation, ce sont les lignes suivantes : « Je tiens à dire une fois pour toutes, que je n'écris nullement pour ceux auxquels suffit la forme d'enseignement primaire, qu'a revêtue le Judéo-Christianisme, grâce aux Talmudistes et aux Théologiens Chrétiens ».

« Je respecte cette catégorie nombreuse, comme étant la moins responsable dans la direction des destinées d'Israël et de la Chrétienté. »

Comme on voit, notre auteur maintient toujours étroitement unis et solidaires les Israélites et les Chrétiens, deux catégories d'individualités qui ne s'aiment guère pourtant.

Mais poursuivons notre étude et voyons pour quel public écrit M. Saint-Yves.

« Mais le dégagement des vérités naturelles ayant créé dans l'enseignement public Judéo-Chrétien de nouvelles catégories mentales, des classes secondaires d'intelligence, des castes secondaires de facultés enseignantes, c'est à cet ordre d'esprits que mes œuvres s'adressent.

« C'est en effet dans cette région d'âmes que l'anarchie des doctrines reste une semence perpétuelle d'anarchie politique et sociale et c'est là que mettant à nu les réserves cachées du Judéo-Christianisme, je dois en démontrer les conséquences, dont la forme sociale se résume dans la Synarchie. »

Alors M. Saint-Yves nous dit dans une forme très poétique que le froment caché dans la terre hivernale y germe tout de même à l'abri du regard des oiseaux et du souffle des vents ; et qu'un échafaudage obscur, informe et tout souillé de plâtre est pris longtemps pour l'édifice qui s'élève...

« N'y touchez pas, disent les conservateurs...»

Et ils ont raison selon l'heure à laquelle ils pensent et parlent...

Mais il vient une heure révolutionnaire où l'esprit destructeur souffle...

Alors M. Saint-Yves nous dit que la bataille entre la conservation et la destruction continue jusqu'au jour où disparaît enfin, l'échafaudage protecteur, et livre ainsi à nos regards en plein soleil « la pensée réalisée du grand architecte ».

L'auteur ajoute qu'il a été utile que le plan général de la Société humaine fût longtemps caché sous les hiéroglyphes de Moïse et sous les paraboles de Jésus, qu'enfin les générations Israélites et Chrétiennes travaillassent en arrière à la trame des temps; à la façon du tisserand de Lamartine.

Nous ne poursuivrons pas plus loin l'analyse de cette préface et nous dirons que le Livre de M. Saint-Yves d'Alveydre comporte, au point de vue de la conception et de la facture même, deux parties bien tranchées, l'une qui nous paraît d'or pur et l'autre de plaqué ; aussi quelques écrivains ont prétendu que la première partie n'était pas de l'auteur, mais nous ne voulons pas même essayer d'éclaircir le fait, car on a vite fait à notre époque de traiter les écrivains de valeur, de plagiaires. Aussi nous n'insisterons pas plus que de raison, nous bornant à dire cependant que la moitié de l'œuvre de M. Saint-Yves est bien inférieure à l'autre et dès lors a pu prêter le flanc à la critique que nous avons signalée. C'est dans cette seconde partie que se trouve un chapitre qui devait traiter de la vie ésotérique de Jésus, mais seul le sommaire du chapitre s'étale avec un grand luxe de détails qui intéresse vivement le lecteur. Pourquoi l'auteur n'a-t-il pas imprimé ce chapitre qui était écrit, puisqu'il nous dit : « Ce chapitre était terminé, et j'allais l'envoyer à l'imprimerie, quand je fus pris d'un grand trouble d'âme ».

Il est bien fâcheux que M. Saint-Yves ait *brûlé*, dit-il, son manuscrit... Pourquoi ?

Cette interrogation laisse le champ ouvert à bien

des hypothèses. Les uns ont dit que la Vie de Jésus eût été la démolition totale de l'œuvre. D'autres que l'éditeur Israélite ayant beaucoup dépensé pour un livre en faveur des Enfants d'Israël, n'avait pas voulu y insérer un chapitre qui n'était pas, tant s'en faut, en l'honneur des Juifs, etc., etc., car nous ne saurions poursuivre toutes les suppositions qui ont été faites à ce sujet et nous consignerons ici ce qu'a écrit au sujet de ce livre H. P. Blavatsky (1) de l'œuvre qui nous occupe : « Les sources qu'on y trouve (dans la Mission des Juifs) ne remontent pas plus haut que les visions personnelles du savant auteur. Je n'ai jamais lu l'ouvrage en entier, mais il m'a suffi d'en lire les premières pages et les comptes-rendus manuscrits d'un de ses fervents admirateurs pour m'assurer que ni les données ésotériques de la littérature sacrée des Brahmes, ni les recherches ésotériques des sanskritistes, ni les fragments de l'histoire des Aryas de Bhâratavarsha, rien, absolument rien de connu aux plus grands Pandits du pays ou même aux Orientalistes européens ne supportait cette *Thèse* que m'oppose l'abbé Roca (2). C'est un livre fait

(1) In *Lotus Rouge*, n° 15 (juin 1888), pages 135 et 136, note 10.
(2) Cette note a été écrite à propos d'une polémique avec l'abbé Roca.

pour éclipser en fiction savante les œuvres de Jules Verne et l'abbé pourrait tout aussi bien opposer à mes *contradictions*, les œuvres d'Edgard Poë, de Jules Verne, du Mysticisme américain. Cet ouvrage est entièrement dénué de toute base historique ou même traditionnelle. La « biographie » de Rama y est aussi fictive que l'idée que le Kali Youaga est l'âge d'or. L'auteur est certes un homme de grand talent, mais son imagination fantaisiste est plus remarquable que son érudition. Les Théosophes Indous sont prêts à relever le gant s'il leur est jeté. Que M. l'abbé Roca ou quelqu'autre parmi les admirateurs de la « Mission » prenne la peine de transcrire tous les passages qui mentionnent Rama et les autres héros de l'ancienne Aryavarta. Qu'ils appuient leurs affirmations par des preuves historiques, théologiques, philologiques et surtout logiques. Rama n'a rien eu à faire avec les Py-Ramides (!!), rien du tout avec Ramsès, pas même avec Brahmâ ou les Brahmanes, dans le sens voulu ; encore moins avec les « Ab-Ramides » (!!!). Pourquoi pas avec les Ram-bouillet, dans ce cas, ou « le Dimanche des Rameaux » ? La *Mission des Juifs* est un fort beau roman, une fantaisie admirable ; seulement le Rama qu'on y trouve n'est pas plus le Rama des Indous, que la baleine qui a avalé Jonas n'est la baleine Zoologique qui se promène dans les mers du Nord et du Sud. Je ne m'oppose pas du tout à ce que les Chrétiens avalent baleine et Jonas, si l'appétit leur en dit, mais je me refuse absolument à avaler le Rama de la *Mission des Juifs*. L'idée fondamentale de cette œuvre pourrait sourire à ces Anglais qui tiennent à l'honneur de prouver que la nation Britannique descend en ligne directe des dix tribus d'Israël : de ces tribus *perdues avant d'être nées*, car les Juifs n'ont jamais eu que deux tribus dont une n'était qu'une caste, la tribu de Juda est celle de Lévi, la caste sacerdotale. Les autres n'étaient que les signes du Zodiaque personnifiés. Que peut avoir Rama à faire avec tout cela ?

« H. P. Blavatsky. »

La critique, bien que violente dans la forme, est juste dans le fond, il est même fâcheux que H.P.B. n'ait pas montré plus de calme dans sa critique.

Pour nous, résumant cette courte étude, nous dirons : Les Juifs n'ont eu aucune mission à remplir dans le monde : Chassés de leur pays par une affreuse misère, ils se sont répandus dans les diverses parties du globe et ils y ont utilisé leur grande sagacité et leur vive intelligence pour y exercer le commerce et l'industrie, afin de *gagner de l'argent ;* ils ont ainsi donné du mouvement aux affaires générales du monde ; mais ils n'auraient pas existé, que celui-ci n'aurait pas moins vécu et progressé ; voilà pour le bien général. En ce qui concerne plus spécialement notre pays, la France, ils ont singulièrement aidé le mouvement progressif et aidé les Francs-maçons, les Protestants et les Libres-penseurs dans la tâche qu'ils ont entreprise d'enrayer l'empiètement toujours croissant de l'Eglise catholique, apostolique et Romaine. Sans le concours dévoué de ces trois groupes de forces (Juifs, Protestants, Libres-penseurs) notre pauvre pays serait tombé aussi bas que l'Espagne d'Isabelle-la-Catholique, des Ferdinand et des Philippe ; voilà un réel service qu'ils ont rendu à la France et que nous avouons sans ambages. C'est bien quelque chose et la meilleure preuve que nous puissions en donner, c'est de faire remarquer la haine féroce des catholiques antisémites contre les Israélites. L'antisémitisme, en effet, est bel et bien une déclaration de guerre non contre une race, mais contre les religions et les idées philosophiques opposées à la Religion catholique. Il y a longtemps que nous avons émis cette idée dans nos écrits, nous pourrions même dire que nous l'avons émise le premier (1), alors que personne ne paraissait encore s'en douter en France.

La rage des sectaires catholiques n'ayant pu obtenir des Hécatombes a cherché toute sorte de moyens pour la destruction des Juifs et n'ayant pu réussir, elle a demandé qu'on relégua les Israélites en Palestine pour reconstituer le *Royaume de Sion*, afin de leur permettre de reconstituer leur nationalité. Or, nous ne craignons pas d'affirmer que la Reconstitution du Royaume d'Israël serait pour les nations une grande plaie. Il ne faut pas, si l'on se place au point de vue antisémite, réunir les juifs en masse compacte, en un peuple, mais, au contraire, les diviser, les disperser de plus en plus, sur toute la terre. Plus on les émiettera et plus leur pouvoir sera annihilé, si réellement ils exercent un pouvoir quelconque.

Aujourd'hui, bien que dispersés dans le monde entier, ils y exercent une fâcheuse influence, mais si le Royaume de Judée était reconstitué, combien plus puissant serait le Sémitisme.

Le nouveau royaume deviendrait un véritable *Séminaire* pour les Enfants d'Israël, un vrai *Conservatoire* de cette Race si vivace, ce qui irait à

---

(1) Notamment dans la Curiosité, n° 101, 7 janvier 1894. — *Edouard Drumont et l'Occultisme.*

l'encontre de l'anti-sémitisme, qui veut, au contraire, détruire cette *race maudite !*

Que se passe-t-il aujourd'hui ? C'est que les juifs traqués, d'un grand nombre de contrées, sont généralement pauvres et misérables ; la plupart meurent de faim, de froid ou de privations de toute sorte. — C'est inhumain, j'en conviens, mais ici n'est pas la question ; l'anti-sémitisme ne s'occupe pas du côté humanitaire, ce qu'il veut, c'est détruire le Sémite ! Or, pour arriver à ce but, il n'est qu'un seul moyen, il n'y a qu'une chose à faire, c'est d'employer la force, la violence, c'est de faire ce qu'ont fait pour les protestants, Charles IX ou plutôt Catherine de Médicis et Louis XIV : des *Saint-Barthélemy* et des *Dragonnades*.

Or, nous pensons que ces crimes nationaux ne sauraient être perpétrés, au xxe siècle, du moins en France, par aucun Gouvernement, par la bonne raison que le Gouvernement est aujourd'hui tout le monde, et que, dans son bon sens, *M. Tout-le-Monde* ne permettrait pas aujourd'hui l'égorgement des Sémites, demain celui des Protestants, après-demain celui des libres-penseurs, enfin un jour, celui des catholiques tièdes.

Ce qu'il faut donc détruire, c'est non le Sémitisme, mais l'*Esprit Sémitique* dans l'organisation d'un peuple, et cela par des lois qui brisent impitoyablement tous les monopoles, sous quelque forme qu'il se produisent : accaparement, privilèges, concessions monstrueuses, grandes fortunes, grandes sociétés, grands syndicats ; car, aujourd'hui, c'est l'argent qui fait le malheur de l'humanité, c'est l'argent qui est le pouvoir destructeur par excellence ; ce n'est pas lui qui fait le bonheur, comme on l'a dit depuis longtemps, mais c'est lui qui, excitant toutes les convoitises, tous les désirs passionnels, tous les appétits, sème la haine entre tous les hommes. — Si demain il n'y avait sur la terre aucune parcelle d'or ou d'argent, l'humanité n'en souffrirait pas : au contraire que, par un coup de baguette, chaque habitant de notre globe soit archimillionnaire à l'insu de son voisin, qu'arriverait-il ?

C'est que chacun croyant n'avoir plus besoin de travailler, ne ferait rien, et tout le monde mourrait de faim : ce qui prouve bien que seul le travail est le souverain bien, que dès lors les Gouvernements, ont non seulement le droit, mais le devoir de le protéger par tous les moyens en son pouvoir, par la force même, et, par contre, ils doivent user de tous les moyens dont ils disposent pour briser les monopoles sous quelque forme qu'ils se produisent ; c'est pourquoi, on doit demander le morcellement de la propriété, l'émiettement des immenses fortunes, l'extinction des privilèges ; en un mot, tout ce qui crée l'inégalité entre les citoyens. Ce qu'il faudrait, ce serait rendre pauvre tout le monde, afin de forcer chacun à travailler pour vivre. C'est du reste ce que fait en France le Gouvernement tant sont écrasants les impôts !

Aujourd'hui, par suite de la mauvaise assiette (oh ! combien mauvaise, combien mal assise cette assiette) de l'impôt, on ne prend qu'au pauvre, au travailleur, en exonérant de plus en plus la richesse.

Aussi, combien durera un pareil système, personne ne saurait le dire, mais ceux qui réfléchissent, les penseurs, voient bien qu'il ne saurait durer longtemps ; nous sommes au bout du fossé, la culbute ne saurait être éloignée ! !

Donc les Antisémites font fausse route ; d'abord ils n'arriveront pas à détruire le Sémitisme, et le détruiraient-ils, qu'ils ne pourront détruire l'*Esprit Sémitique* qui a gagné aujourd'hui, non seulement notre pays, mais encore toutes les nations et cela à un haut degré. Et demain, il n'existerait pas un juif en France, qu'il se trouverait assez d'esprit sémitique dans notre pays pour maintenir chez nos Néo-chrétiens le *statu quo*, c'est-à-dire pour dépouiller le travailleur au profit du parasite, sous quelque forme qu'il se présente.

Donc ce qu'il faut détruire, c'est le capitaliste exploiteur, source de tous les maux, or le juif n'est pas le seul capitaliste de France.

Voilà une bien jolie thèse à soutenir, mais il ne se trouvera jamais un grand journal pour cela, car cette thèse ne rapporterait pas beaucoup d'argent à son Administrateur, aux Commanditaires ou aux Actionnaires. Ce ne sont pas, en effet, les pauvres diables qui paient les annonces financières destinées à attraper les gogos. Ceux qui achètent les journaux, ce sont : les grands bazars, les grands magasins de nouveautés, les pauvres diables ne paieraient pas dans le journal des annonces, ni en quatrième ni en troisième pages ; ils paieraient encore moins des réclames à **15** ou **20 francs la ligne**, comme en touchent les grands journaux boulevardiers. Tout le monde sait que rien que le Panama a *rapporté* quatorze cent mille francs au Vertueux journal le *Temps,* et combien d'autres ont touché des sommes fabuleuses !

Ajoutons que ce ne sont pas les Sémites seuls, qui exploitent les déshérités, mais que beaucoup de chrétiens font de même, les preuves que nous pourrions fournir sont innombrables. Nous ne voulons pas faire ici de personnalité (on n'a du reste qu'à regarder autour de soi pour voir), mais qu'on remarque en France toutes les grandes industries, tous les grands commerces, on verra que la plupart de ces grandes maisons étaient sans un sou vaillant il y à 25 ou 30 ans et on pourra constater qu'aujourd'hui la plupart des propriétaires de ces grandes maisons sont archi-millionnaires, bien que leurs pères n'eussent pas un *rouge-liard*.

Pour remédier à un tel état de choses, il n'y a qu'un moyen, frapper et frapper encore des impôts progressifs et proportionnels de plus en plus élevés, au fur et à mesure de l'accroissement des affaires des dits *Monopoles*. Ces impôts constitueraient une sorte d'association entre les monopoles et l'Etat; et celui-ci, par les sommes perçues sur les dits monopoles, pourrait dégrever ainsi tous les commerçants, les petits ouvriers industriels, tous les pauvres producteurs enfin.

Si les grands sucriers, les grands usiniers, les grands bazars et les grands marchands de nouveautés payaient 5 à 6 millions de patentes ou d'impôts cela fournirait vite des centaines de millions, qui permettraient de dégrever 8 ou

10 millions de pauvres diables, c'est-à-dire le quart de la population laborieuse du pays.

Mais faire payer les millionnaires pour dégrever les pauvres, c'est encore *faire du socialisme ou même du communisme.*

Et cependant avec l'organisation actuelle, il arrivera bientôt un moment où, en France, il n'y aura plus guère que des millionnaires ou des meurts-de-faim.

Que se passera-t-il alors ?

C'est que par suite d'une loi toute naturelle, le grand nombre dévorera le petit nombre et, s'emparant de sa fortune, rétablira une classe moyenne qui permettra à chacun de s'instruire, en un mot d'*Evoluer*, de progresser comme le commande impérieusement la loi du Progrès, celle de l'humanité, entièrement enrayée aujourd'hui par suite de l'inégalité scandaleuse des fortunes !

Voilà une thèse que nous voudrions voir soutenir aux grands journaux, au lieu de les voir se lancer dans l'anti-sémitisme, qui fait fausse route, en essayant de rallumer les guerres religieuses que nous espérions voir terminées. Ce qu'on aurait dû toujours prêcher, ce qu'on doit prêcher surtout au xxe siècle, c'est la tolérance religieuse, c'est ce qu'a toujours demandé l'Ésotérisme à toutes les époques et chez tous les peuples du monde.

CONCLUSION

> *Il n'y a rien de secret qui ne doive être dévoilé, rien de caché qui ne doive venir à la lumière.*
>
> St-Mathieu C. X. v. 26.

C'est toujours avec satisfaction et un certain plaisir, qu'un écrivain arrive à la fin d'une tâche, surtout quand celle-ci comporte un vaste sujet et a nécessité des recherches considérables.

C'est bien notre cas.

Aussi sommes-nous heureux d'avoir mené à bonne fin *La Doctrine Esotérique à travers les âges*.

Nous éprouvons cependant un regret, celui de n'avoir pu développer plus largement quelques parties de notre étude, ayant voulu respecter en elles, certaines proportions, c'est-à-dire ne pas donner de trop longs développements aux unes, au détriment des autres. Aussi, dans la présente conclusion, allons-nous fournir diverses données que nous n'avons pu faire entrer dans le cours même de l'œuvre, où après avoir fourni, dans le début, des généralités et des questions préliminaires, nous avons étudié le symbolisme.

Rien que ce chapitre aurait pu fournir à lui seul une œuvre considérable, car le *Symbolisme à travers les âges*, constitue lui-même une sorte de DOCTRINE ÉSOTÉRIQUE.

Le Symbole (1) a dû être dans l'Antiquité une langue, car il est bien évident qu'il a existé très anciennement une langue, dont les vestiges même ont été perdus, *cette langue* dite *des Mystères* était symbolique et a dû être comprise dans sa partie exotérique par tous les peuples; il n'en a existé aucun, même parmi les plus sauvages, qui n'ait eu dans son existence quelques traces de symbolisme qui est le premier pas vers l'Occulte. Pourquoi ?

---

(1) Il y a une grande différence entre l'*Emblème* et le *Symbole*; le premier comporte une plus grande série de pensées que le Symbole. On doit en effet considérer celui-ci, comme servant plutôt à éclaircir une idée unique.

L'Emblème est composé généralement par une série de pensées ou de tableaux graphiques considérés et expliqués allégoriquement et qui dévoilent chacun à tour de rôle les différents aspects d'une idée; tandis que le symbole doit être considéré comme servant à expliquer une idée spéciale.

C'est que rien n'est plus naturel pour l'homme que de rendre ses idées, ses pensées par un symbole. Celui-ci sera tantôt moral ou immoral, tantôt pur ou impur suivant l'état d'âme, l'état de conscience de son créateur ou inventeur.

La partie Esotérique de la langue des mystères possédait, au contraire, des clefs indispensables pour son intelligence.

La Doctrine philosophique connue sous le nom de *Science-Sagesse-sacrée*, doctrine dont on peut suivre les traces dans toutes les Religions du monde, nous ne saurions trop le redire, possédait et possède encore au moyen de la langue des mystères, une langue universelle, qui comprend au dire de Ragon sept *Dialectes*, dont chacun se rapporte à l'un des sept mystères de la Nature auquel il est plus particulièrement approprié. Chacun de ces dialectes comporte un symbolisme spécial.

Les Orientalistes modernes (Indianistes, Egyptologues, etc.), éprouvent une difficulté extrême pour l'interprétation des anciens écrits de l'Orient parce qu'ils ne veulent pas reconnaître que tous les documents soumis à leur étude ont été écrits dans la langue symbolique Universelle, connue jadis de toutes les nations et qui n'est maintenant intelligible que pour un petit nombre d'initiés. Quelques savants ont essayé, mais en vain, de remettre en vigueur cette langue archaïque ou du moins une langue universelle analogue. Parmi ces hommes, nous mentionnerons Leibnitz, Delagarde, Wilkins et Demainieux, l'auteur de la *Pasigraphie*.

Les sept clefs de la langue des Mystères avaient été placées sous la garde des Hiérophantes, les grands Initiés de l'Antiquité.

On ne connaît aujourd'hui aucune Fraternité possédant les sept clefs de cette langue archaïque ; les Théosophes prétendent que les Mahatmas sont seuls à les posséder ; mais rien n'est moins prouvé. Les prêtres égyptiens, pensons-nous, ont possédé toutes ces clefs, mais depuis la chute de Memphis, l'Egypte a perdu successivement tout son Esotérisme et partant toutes les clefs de la langue des mystères. On prétend même que la Chaldée, à l'époque de Bérose, ne possédait déjà plus que trois clefs.

Quant aux Juifs, malgré leurs profondes connaissances en Kabbale, ils n'ont jamais possédé que trois ou quatre clefs, les inférieures. Le fait que nous venons d'alléguer est démontré par leur système astronomique (géométrique et numérique) qui n'a jamais servi qu'à symboliser les fonctions humaines et plus spécialement ses fonctions physiologiques ; quant à ses fonctions psychiques, elles étaient peu connues des Hébreux.

En ce qui concerne plus particulièrement le symbolisme, le système hébraïque est tout à fait identique aux principes et aux idées qui, dans les antiques religions, ont présenté et développé l'élément Phallique mais dans sa plus vulgaire signication, au point de vue générateur. Les Hébreux pendant leur longue captivité en Chaldée et en Egypte adoptèrent un mode de mesures sacrées, qui, appliqué aux symboles religieux, fournissait des combinaisons numériques et géométriques analogues aux modes employés en Grèce. Qu'était exactement ce mode ou système? Ralston Skinner, dans la *Source des mesures*, croit que « les livres de Moïse étaient destinés, au moyen d'un artifice du langage, à faire l'exposé d'un système géométrique et numérique de science exacte, qui devait certainement avoir été employé comme origine des mesures. »

D'éminents archéologues ont dit que ce système et ces mesures sont ceux-là même qui ont été employés par les Egyptiens, lors de la construction de la grande Pyramide de Chéops. Evidemment comme cela devait arriver, cette donnée a été combattue par un assez grand nombre de savants.

Du reste, les constructeurs de la Grande Pyramide possédaient un très grand savoir astronomique, comme le prouve son orientation, ainsi que ses formes notoirement astronomiques (1).

C'est sur ces connaissances qu'était basé le programme même des mystères, ainsi que celui de la gradation Initiatique.

Revenant à la langue des Mystères, à la langue mystérieuse des époques préhistoriques, nous dirons qu'elle est devenue notre Symbolisme.

Ce sont de modernes découvertes faites par des kabbalistes et de grands mathématiciens, qui nous permettent d'avancer le fait qui précède et nous permet d'ajouter que toutes les Théologies ne proviennent pas seulement d'une source commune d'idées abstraites, mais aussi de cette langue Esotérique : la *Langue des mystères*, qui était comprise de la plupart des peuples, comme l'est aujourd'hui la numération arabe par exemple ; en effet, les hommes quelle que soit leur nationalité connaissent et comprennent les chiffres arabes ; ils connaissent de même la langue musicale, parce que

---

(1) Cf. à ce sujet St. Wake, *L'origine et la signification de la Grande Pyramide.* — Voir également, Pétrie (F.), *Les pyramides et les temples de Ghizeh.*

les annotations des chiffres et de la musique sont des symboles véritables.

Le terme français *et*, en allemand *und*, en anglais *and*, en grec *kai* ne sont compris que par ceux qui connaissent ces langues, mais abréviativement et symboliquement presque tous les peuples comprennent le signe &.

Il en était de même pour la langue mystérieuse, tous les mots (symboliquement écrits) avaient la même signification pour tous les hommes quels que fussent leur langage, leur nationalité. — De tout temps des esprits avancés ont voulu créer une *Langue Universelle* et Demainieux, dans sa *Pasigraphie* que nous venons de mentionner ci-dessus a fort bien démontré la possibilité de cette création.

Par exemple *Le Feu vivant ou L'Electricité Vitale*, au sujet duquel on a tant écrit et duquel le *Zend-Avesta* nous dit, qu'il y a « un feu qui donne la connaissance de l'Avenir, la Science et la facilité d'élocution. »

Ce même feu a reçu des noms très divers, on l'a nommé en effet « l'Esprit de Lumière », Magnès ; les anciens l'ont appelé Chaos, les Perses le feu sacré, les Parsis-l'Atash-Behram ; les anciens Germains le Feu-Elmès ou le Feu-Hermès ; les Grecs, l'Éclair de Cybèle, la Torche Flamboyante d'Apollon, la Flamme sur l'autel de Pan ; le Feu inextinguible du Temple de l'Acropole ou du Temple de Vesta, les étincelles des chevelures des Dioscures ou de la tête de la Gorgone, la Flamme du Casque de Pluton, ou de Pallas ; le Bâton de Mercure, etc.

C'était aussi chez les Grecs le Zeus Catabaitès, chez les Égyptiens Ptah-Ra, le Buisson ardent de Moïse, la Colonne de Feu de l'Exode, la Lampe d'Abraham, les langues de Feu des Apôtres, les Vapeurs de l'Oracle de Delphes et de celles de l'antre de Trophonius, le Feu Éternel de l'Abîme sans fond. Les Rose-Croix l'ont dénommé la Lumière Sidérale, Éliphas Lévi, la Lumière Astrale, les adeptes Hindous l'Akasha, les médecins l'Aura nerveuse, les magnétiseurs le Fluide, Reichembach l'Od et l'Ob ; Thury, les Forces Psychodes et Ecthéniques ; les Occultistes modernes, la Force psychique, enfin l'Électricité.

Le *Zohar* le dénomme « le Feu blanc caché dans la Risha Havdrah ». C'est aussi la *Tête Blanche*, dont la volonté est cause que le *Fluide ardent* coule en 370 courants dans toutes les directions de l'Univers. Ce Fluide ne fait qu'un avec le « Serpent qui court en accomplissant 370 sauts »

Toute cette terminologie explique une seule et même chose, les effets de la même cause omni-pénétrante.

Dans l'antique *Livre de Dzyan*, nous lisons un terme universellement connu, qui est un symbole : c'est celui de OEAHOO, qui signifierait d'après des commentateurs : Le Père-Mère des Dieux ; d'après d'autres, ce serait la Racine sans Racine, La Nature Naturante ; OEAHOO serait par conséquent UN avec Parabrahm. Enfin ce symbole serait aussi la Vie Unique manifestée, l'*Unité éternelle* et toujours vivante.

La Sagesse Hindoue nous dit que :

Celui qui se baigne dans la clarté d'Oeahoo, ne sera jamais trompé par le voile de Mayâ (de l'Illusion).

Aum qui est un des grands mots sacrés est aussi un symbole ; et combien de mots, de termes et de significations symboliques aurions-nous pu donner encore !... (1)

Après le Symbolisme, nous avons étudié, mais fort brièvement aussi, l'*Evolution* et l'*Involution*, nous avons donné sur cette question bien des

---

(1) Au sujet de ce mot sacré aum, voir notre *Dictionnaire d'orientalisme et d'occultisme*.

aperçus, mais combien aurions-nous pu ajouter des faits utiles et d'une grande importance, par exemple sur l'origine de l'homme, sur sa haute antiquité sur la terre, prouvée par sa lente, très lente évolution, car le monde existe depuis des temps fabuleusement reculés !...

Lors de la superposition des couches des terrains primitifs de notre globe, la vie n'existait pas encore sur notre terre, ceci est un fait certain et démontré, car les dits terrains ne contiennent aucune trace, aucun débris d'êtres organisés.

La géologie reconnaît à l'existence animale une durée de plusieurs centaines de millions d'années. Un témoignage irrécusable de la très haute antiquité de la terre, c'est l'épaisseur de sa croûte, de son écorce, qui dépasse quarante kilomètres, ce qui en somme est peu de chose, eu égard à son diamètre.

Il est certain que la première vie organique sur notre globe a été la vie minérale, puis la vie végétale, enfin sont venus en dernier lieu l'homme et les animaux.

Mais, quand l'homme a-t-il fait son apparition ?

Nul ne saurait le dire, même approximativement ; les plus anciens restes fossiles humains ont été trouvés dans le Pliocène, c'est-à-dire au sommet de la couche Tertiaire.

L'Homme a-t-il existé avant cette époque ? C'est fort probable, mais nous ne saurions rien affirmer de certain à ce sujet.

En effet, en ce qui concerne les terrains primitifs, il nous manque des documents pour déterminer, d'une manière régulière, la formation de ceux-ci, ainsi que des terrains intermédiaires, secondaires et tertiaires, mais pour ce qui est des temps géologiques où l'homme fit son apparition sur la terre, notre regretté collègue et confrère de Mortillet compte, au moyen des chronomètres naturels, une période de 237.000 ans ; car l'apparition de l'homme est constatée à l'époque Chéléenne, base des quaternaires, par des crânes fossiles et de grossiers outils de son industrie (1).

Voici les calculs effectués par le regretté savant archéologue du musée de Saint-Germain.

---

(1) A Chelles, au Pecq, tous les bas quaternaires contiennent des silex grossièrement taillés, qui attestent l'existence de l'homme. On a bien trouvé, nous l'avons vu au chapitre du transformisme, des restes fossiles de l'homme à Trénil (époque tertiaire) mais beaucoup de Paléontéologues ne veulent y voir que les restes d'un singe anthropoïde.

Temps actuels (Époque moderne)		150.000 ans
Temps géologiques { Époque magdelenienne	36.000	} 222.000 ans.
— de salutré	8.000	
— moustérienne	100.000	
— chéléenne	78.000	
Total	237.000 ans.	

Mais nous devons dire que ce chiffre nous paraît faible, bien faible encore, car il est à peu près certain que l'on a retrouvé à Tréuil des restes fossiles de l'homme de l'époque tertiaire, comme nous l'avons vu et disons en note de la page 314

C'est même sur cette longue période de temps que se sont appuyés certains anthropologues pour nous dire que l'homme peut parfaitement descendre du singe, car à cette époque si reculée, il avait tous les caractères simiesques : front bas, étroit et fuyant, arcades sourcilières épaisses, arrondies et proéminentes ; prognatisme très prononcé, absence de parole prouvée par l'absence de la saillie mentonnière, de l'apophyse géni, dans laquelle viennent s'insérer les muscles du langage.

On ne retrouve des débris d'êtres organisés qu'à la base des couches dites *de transition*, dans les calcaires du Cumbrien, dans lesquels on aperçoit des traces de végétaux, de zoophytes et de coquilles.

Un fait même révèle l'ascension des êtres, c'est celui-ci : quand on remonte les diverses couches de stratifications, on rencontre les fossiles caractéristiques de chaque étage de ces terrains par une observation méticuleuse ; ce sont d'abord, à la base, les organismes les plus simples et au-dessus, en remontant jusqu'au sommet, les organismes de plus en plus complexes.

On peut donc suivre de *visu* le développement de l'être et par suite du principe intelligent qui a successivement animé les divers types de la Nature.

Le Transformisme se révèle donc là dès l'origine du monde, pouvons-nous dire, et l'on pourrait ajouter qu'il est l'histoire de l'évolution humaine, puisque l'âme en est la résultante.

Aussi, ce n'est pas sans raison qu'on a comparé l'évolution à l'échelle mystérieuse de Jacob, échelle que tout être doit monter échelon par échelon pour atteindre à la fin à son développement complet ; nous savons en effet que les pieds de cette échelle appuyaient sur les profondeurs de l'abîme, tandis que sa cime se perdait dans l'espace infini. L'Echelle de Jacob représente donc bien l'évolution de l'âme poursuivant sa lente et pénible ascension à travers toutes les formes matérielles qu'elle doit revêtir, de la monade infime jusqu'à l'homme et de l'homme jusqu'à Dieu !

De la monade à l'homme, la route est longue, ardue, difficile, mais quand elle parvient à l'humanité, l'âme a conscience de son individualité ; elle connaît alors sa voie.

Et qu'est-ce que la monade ?

Il faudrait beaucoup de pages pour le dire ; disons en passant que les termes : atome, molécules, monade et monère, bien que n'ayant pas tout à fait la même signification sont très souvent considérés comme synonymes.

Selon Hœckel, la monère (monade) serait un informe corpuscule de *plasma*, un simple grumeau albuminoïde.

On ne connaît pas de forme plus simple que la monade, car elle est dépourvue d'organes et cependant elle possède les propriétés essentielles de la vie : elle se nourrit, se reproduit, se meut et réagit. Elle donne naissance à la cellule, ancêtre du règne animal et par suite de l'homme.

Le grumeau de protoplasma de la cellule renferme un noyau plus ferme dans lequel serait placé d'après quelques physiologistes, l'élément spirituel, l'étincelle Divine !

Quand une cellule en rencontre d'autres, elle a

une tendance à se rapprocher d'elles par suite de la loi d'affinité, affinité mystérieuse à laquelle obéit le principe vital qui se trouve en elles.

Tel a dû être le point initial de la Création !

L'association des cellules reste simple, homogène, jusqu'au moment où survient une différenciation, par suite de la division du travail ; alors les cellules prennent des formes différentes et elles acquièrent en même temps des propriétés différentes.

En ce qui concerne l'intelligence, le mental, les propriétés psychiques, voici ce que nous dit un philosophe allemand et cela, bien qu'il soit profondément matérialiste.

« Il existe, dit Ern. Hœckel, une longue série d'élaboration progressive et de formes évolutives de la vie psychique, descendant pas à pas de l'homme supérieur à l'homme inférieur, des animaux les plus hautement doués au moins développés jusqu'au simple nerf dont le ganglion nerveux rudimentaire a été le point de départ de toutes les formes cérébrales de cette série d'êtres. »

Enfin, le professeur allemand se demande quand commence l'existence de l'homme ? On peut la déterminer avec précision. C'est au moment où les deux noyaux des deux éléments reproducteurs, le spermatozoïde paternel et l'ovule maternel, s'unissent pour former un nouveau noyau cellullaire, c'est alors que commence l'existence personnelle de l'homme. Le nouveau noyau cellulaire ou nouvelle cellule se nomme *cytula*.

Et c'est cette cellule qui est le point de départ de l'homme ; mais seule elle n'arriverait pas à aboutir à un être, il lui faut faire la rencontre de l'ovule féminin maternel, alors il forme ce que nous nommons un Etre vivant, un animal.

L'existence individuelle de tout homme débute donc par une cellule ovulaire.

« On ne saurait trop insister, dit Hœckel, sur l'importance phylogénique de la cellule ovulaire et sur celle de son développement chez l'homme. Car tous les processus remarquables en vertu desquels le germe et le corps du vertébré, qui s'en développe, sort de ce simple corpuscule de plasma, sont, pour l'essentiel, exactement les mêmes chez l'homme et chez tous les autres mammifères, sans en excepter naturellement les anthropoïdes » (E. Selenka).

Et c'est ce point de départ qui sert si merveilleusement à Hœckel pour démontrer la descendance de l'homme par le singe, descendance absolument fausse comme nous l'avons démontré dans le Chapitre XXII qui traite du Transformisme.

Cette question, y avons-nous dit, a fait couler des flots d'encre et n'a jamais été résolue ; mais aujourd'hui nous pensons qu'elle l'est absolument et que le *missing ling* (l'anneau manquant) que l'on croit avoir trouvé n'était pas nécessaire par la bonne raison que l'homme était né avant le singe, comme l'affirme avec certitude la Théosophie. Aussi pensons-nous avoir parfaitement démontré combien est fausse l'idée de la descendance de l'homme par le singe. Dans le cours de notre œuvre si nous n'avions voulu étudier cette question qu'au point de vue théosophique, cette question aurait été promptement résolue et sans avoir besoin d'utiliser de grands raisonnements, car la Théosophie, nous venons de le dire, apprend que de tous les mammifères *l'homme a le premier fait son apparition sur la terre*.

Nous trouvons parfaitement résumée par le Dr Pascal, cette question du Transformisme, aussi nous donnerons ici, la courte analyse qu'en fournit notre collègue et ami dans une étude parue dans le Lotus Bleu (1).

Après nous avoir dit que la naissance de l'homme, pour la majorité des membres de l'hu-

---

(1) N° 5. 17 juillet 1899 ; p. 149.

manité, se produisit vers le milieu de la quatrième ronde sur le plan mental, notre collègue ajoute que les formes extérieures animales humaines avaient été reconstruites pendant la première moitié de la Ronde par les agents des Divinités constructrices et non par l'action pro-créatrice des animaux de cette époque.

« Et c'est en ce point que le Transformisme fait surtout erreur, et c'est pourquoi tout en reconnaissant ce que la science doit à cette école, la Théosophie se sépare d'elle, quand elle la voit enseigner que l'homme primitif descend directement d'une espèce animale supérieure. La *forme* humaine fut évoluée, au cours des rondes précédentes, des formes que l'évolution développa avant elle et qui se présentèrent dans l'ordre suivant : les formes minérales furent spécialement créées pendant la première ronde ; les formes végétales appartiennent à la deuxième ronde ; les formes animales furent l'œuvre de la troisième ronde ».

Les Divinités constructrices les bâtissaient et les Pitris lunaires les moins individualisés les animaient et les développaient en s'y incarnant. La forme la plus parfaite de la troisième ronde fut Simiesque, et notre collègue ajoute :

« Reproduite dans la ronde actuelle, par les

constructeurs, elle fut le tabernacle dans lequel s'incarnèrent les premiers hommes ».

Par les pages qui précèdent, on voit que la Théosophie, la Doctrine Esotérique et l'Occultisme nous apportent un précieux secours pour étudier toutes les questions de nos origines et de la haute Antiquité de l'homme.

Et l'Occultisme d'où nous vient-il ?

D'après le plus grand nombre de ceux que ces questions intéressent, l'Occultisme occidental dériverait de l'Occultisme oriental, c'est pourquoi il serait facile d'établir un parallélisme entre les deux, d'autant qu'ils ont un point commun qui décèle leur commune origine ; ce point, c'est la Science.

L'Occident au sujet de l'Esotérisme est beaucoup moins avancé que l'Orient, ce qui se conçoit fort bien, puisque c'est de cette partie du monde que serait venu l'Esotérisme.

Aujourd'hui, l'Europe étudie la science occulte, mais on ne saurait l'extérioriser que peu à peu, graduellement.

Nous nous sommes conformé à ce précepte.

Ainsi, avec Isis Dévoilée, nous avons commencé l'Initiation du lecteur avec le secours de l'Esotérisme Egyptien.

Avec ADDHA-NARI, nous avons poursuivi le même but, en étudiant l'Esotérisme Hindou, qui nous paraît être le plus anciennement connu.

Enfin avec BÉLISAMA, nous étudierons dans un prochain volume l'Esotérisme Celtique, qui, d'après les uns, serait dérivé de l'Esotérisme Hindou et d'après d'autres écrivains, ne serait que l'Initiateur ou Précurseur de l'Occultisme de l'Inde, pour ceux-là surtout, qui ne font pas dériver la civilisation, des peuplades provenant des hauts plateaux de Pamir.

Ces divers occultismes sont étudiés dans la seconde partie de notre œuvre : *La Doctrine Esotérique à travers les âges*.

Chez les Hindous d'abord, par lesquels, nous avons fait un résumé très succinct de la Doctrine secrète et cela, dès la plus haute Antiquité.

Aujourd'hui encore ce pays tient la tête de l'Occultisme. En effet, si nous en croyons l'abbé Dubois, la Magie « semble avoir établi son lieu de prédilection dans la presqu'île de l'Hindoustan ».

Les Hindous croient beaucoup à l'influence des puissances occultes sur les événements de la vie de l'homme. Aussi croient-ils à la Magie, aux Sorts et Sortilèges, à l'Envoûtement.

Ils croient qu'au moyen de la Magie par des

philtres, des mantrams ou des sortilèges, on peut inspirer l'amour, la haine, envoyer des mauvais esprits en possession dans des corps humains, ils croient aussi qu'on peut faire naître des maladies même occasionner la mort à des ennemis.

Les Hindous possèdent de nombreux ouvrages de magie qui traitent des invocations et conjurations. L'un des plus anciens et des plus connus est le quatrième véda, l'*Atharva-Véda*, qui explique le culte cérémoniel à pratiquer pour pouvoir faire des exorcismes, invoquer un Dieu ou un Génie. Ce sont généralement les Brahmes qui se livrent aux pratiques des Sciences Occultes.

Les Hindous pratiquent non seulement la Magie blanche, mais encore la Magie noire qui se trouve formulée dans un livre de Sanskrit, la *Hatha-Yoga*.

Un livre qui contient beaucoup de formules, d'invocations et de conjurations magiques, dans le but principal de guérir les maladies de l'homme, a pour titre *Agrouchada-Parikchai*.

Dans cet ouvrage, l'auteur nous apprend jusqu'où peuvent s'étendre les pouvoirs magiques. On peut avec leur secours donner au premier venu des maladies terribles, des fièvres, des tremblements continus, on peut le rendre hydropique, épileptique, fou. On peut employer les pouvoirs magiques pour détruire les armées ou les habitants de toute une contrée.

Par contre, ce volume apprend à employer des contre-charmes contre tous les maux dirigés contre l'espèce humaine.

Aussi les Hindous emploient dans ce dernier but, des amulettes, des talismans des genres les plus divers, qui servent de préservatifs contre les maléfices, les sorts et les sortilèges ; ce sont des grains de verre enchantés par des mantrams, des racines de plantes et des herbes magiques desséchées, des feuilles de métal, sur lesquelles se trouvent gravés des caractères cabalistiques.

Ce même ouvrage parle des *Incubes* et des *Succubes* et l'abbé Dubois ajoute : « Ces démons de l'Inde sont beaucoup plus diables que ceux dont parle le jésuite Delrio dans ses *Disquisitiones magicæ*. Par la violence et la continuité de leurs étreintes, ils fatiguent tellement les femmes qu'ils visitent la nuit, que ces malheureuses meurent bientôt de lassitude et d'épuisement.

Dans ce même ouvrage il y a des incantations et des mantrams à l'aide desquels en enchante les armes : on peut voir dans le même chapitre que la *Flèche de Brahmâ* pouvait détruire une armée entière, que la *Flèche du serpent, la flèche du cobra-*

capel peut, quand elle est lancée au milieu d'une armée, faire tomber en léthargie tous ses soldats.

On trouve dans le même ouvrage des moyens d'acquérir richesses et honneurs, de trouver des trésors enfouis dans les profondeurs de la terre ou cachés dans des lieux impénétrables, les moyens de rendre fécondes les femmes frappées de stérilité.

Comme on voit, les matières dont parle l'abbé Dubois constituent plutôt de la Magie noire ; mais nous savons par ailleurs, par de très nombreux ouvrages, que le pur Esotérisme est aussi en grand honneur et très cultivé. Aussi nous n'insisterons pas davantage et nous dirons seulement quelques mots sur deux pratiques fort en usage dans l'Inde, la *Dritchty-Dotcha* et l'*Aratty*.

Dans l'Inde le sort jeté par les yeux, le mauvais œil, la *Jettatura*, est appelé *Dritchty-Dotcha*. Tout être animé (plante ou animal) est sujet à ce sort. On a même la coutume pour préserver les plantes, les arbres et les fruits de la terre, de dresser dans les champs une perche au bout de laquelle on attache un vase de terre blanchi à la chaux à l'extérieur, qui a pour but d'attirer les yeux du *Jettatore* ou Sorcier qui, regardant le vaisseau de terre, oublie de regarder le champ.

Pour préserver les personnes de l'Envoûtement

on utilise l'*Aratty*. Cette cérémonie est pratiquée par les femmes, les veuves exceptées, qui ne sont pas admises dans les cérémonies domestiques, car leur présence porterait malheur.

Voici comment on pratique ce rite.

Dans un plat de métal, on place une lampe garnie d'huile de Sandal, on en allume la mèche, puis une des femmes de la maison, lorsque son mari, son père ou un parent quelconque rentre dans la maison, ce membre de la famille prend le plat et le lève à la hauteur de la tête de celui pour qui est accomplie la cérémonie et avec cet appareil, il décrit trois ou sept cercles suivant l'âge ou la condition de la personne. L'*Aratty* se fait publiquement trois ou quatre fois sur les personnes de distinction. Tout noble visiteur de la famille qui pénètre dans une maison hindoue reçoit l'*Aratty* des mains des jeunes filles, cette cérémonie leur est ordonnée par le Chef de la famille.

On pratique également l'*Aratty* sur la statue des Dieux; ce sont les Danseuses des temples qui sont chargées de cette cérémonie qu'elles accomplissent après toutes les autres.

On fait aussi l'*Aratty* sur tous les animaux domestiques, chevaux, éléphants et taureaux.

Pour pratiquer cette cérémonie, on utilise souvent, au lieu de la lampe à l'huile de Sandal, un vase contenant de l'eau parfumée avec du Sandal, des fleurs du crocus vernus (safran), laquelle eau est colorée avec du vermillon et bénie par l'immersion de quelques tiges de *cousa* (herbe divine).

Après l'Inde, nous avons étudié la Doctrine Esotérique en Egypte, surtout par le *Livre des morts* et par une partie du *Traité d'Isis et d'Osiris* attribué à Plutarque.

Nous ne connaissons que fort peu de textes ésotériques de l'Egypte, de la Chaldée et de l'Assyrie ; aussi, ce n'est que par induction pour ainsi dire et par analogie que nous avons pu en rétablir une grande partie ; ceci est surtout vrai pour la Chaldée et pour l'Assyrie, car l'Egypte, par ses inscriptions, ses papyrus, son livre des morts, ses litanies du Soleil et autres écrits, nous a livré une partie de son Esotérisme ; et par l'instruction que les Egyptiens exigeaient de leurs prêtres, nous pouvons juger de leur grande civilisation.

Voici, d'après Clément d'Alexandrie, les sciences que devaient apprendre les prêtres Egyptiens.

« Le chef ou chantre, dit-il, porte un des instruments symboliques de la musique et deux livres d'Hermès, contenant l'un des hymnes aux Dieux, l'autre la liste ou nomenclature des rois. Après lui, l'Horoscope, observateur du temps, porte une palme et une horloge, symbole de l'Astrologie, et quatre livres : le premier sur l'ordre des Planètes, le second sur les lueurs du Soleil et de la Lune, et les deux autres sur les lueurs et aspects des astres.

« L'écrivain sacré vient ensuite ayant sur la tête des plumes, comme Kneph, et en main un livre, de l'encre et un calamus (roseau à écrire). Il doit connaître les hiéroglyphes, la description de l'Univers, le cours du Soleil et de la Lune, des planètes ; la division de l'Egypte en 36 nomes, le cours du Nil, les instruments, les ornements sacrés, les lieux saints, les mesures.

« Puis vient le porte-Etole, qui porte la coudée de justice (*Ma*) ou mesure du Nil (Nilomètre) et un calice pour les libations : dix volumes concernant les sacrifices, les hymnes, les prières, les offrandes, les cérémonies, les fêtes.

« Enfin arrive le Prophète, qui porte dans son sein et à découvert une cruche ; il est suivi par ceux qui portent les pains. Ce prophète, en qualité de Président des mystères, apprend : dix autres volumes sacrés qui traitent des lois, des dieux et de toute la discipline des prêtres.

« Or il y a en tout quarante-deux volumes dont

trente-six sont appris par ces personnages, les six autres sont du domaine des *Pastophores*; ils traitent de la médecine, de la constitution du corps humain, des maladies et des médicaments. »

Les Israélites ayant passé de longues années en Egypte, il n'y a rien d'étonnant que la religion juive, celle des Hébreux, ait beaucoup emprunté à l'Egypte et on pourrait faire de nombreux rapprochements entre les cérémonies égyptiennes et une grande partie de celles qui furent consacrées plus tard par le *Lévitique*.

Nous nous bornerons à mentionner ici l'indication des victimes, la disposition des entrailles, la manière de les incinérer, l'huile répandue sur les parties consumées par le feu, enfin le choix des parties de la victime réservées aux prêtres et à celui qui offrait le Sacrifice.

Mais ce que nous devons surtout remarquer, ce sont les imprécations faites sur la tête de l'animal, imprécations en tous points semblables à celles que les juifs prononçaient sur le *Bouc Emissaire*, chargé de tous les péchés d'Israël. A en juger par simple analogie, on voit très bien que l'une des deux religions dérive de l'autre, qu'elle a servi de type sinon pour le dogme, au moins pour les rites à l'autre religion. Or, comme la religion Egyptienne est de beaucoup plus ancienne que la Religion Moïsiaque, on peut facilement conclure que c'est celle-ci qui a emprunté à celle-là. Comme preuve de la civilisation avancée des Egyptiens, nous dirons que dans le temple de Denderah il existe une vaste chambre, qu'on nomme la *Bibliothèque* et qui contient, gravé sur ses murs, un catalogue des manuscrits qu'elle renfermait, lesquels manuscrits, paraît-il, étaient écrits sur des peaux et enfermés dans des coffres.

Voici les titres de quelques-uns de ces curieux ouvrages :

Liste des attachés au temple. — Livre de conduite du temple. — Liste de ce qu'il y a dans le temple. — Protection ou Bénédiction du roi dans sa demeure. — Chapitre pour détourner le mauvais œil. — Instructions pour les processions d'Horus autour du temple. — Bénédiction d'une contrée, d'une ville, d'une maison, d'un tombeau. — Formules pour chasser les bêtes féroces, les reptiles. — Formules pour les offrandes, les libations ; etc., etc.

N'oublions pas de mentionner ici le monument qui nous a fourni la clef qui a permis de lire les hiéroglyphes et par suite de nous révéler la Doctrine Esotérique chez les Egyptiens. Ce monument fort connu est dénommé *Inscription de Rosette*, pierre de Rosette. Il fait aujourd'hui partie des collections du *Musée Britannique*. Cette pierre trouvée par un soldat français qui faisait partie d'un détachement qui occupait le Fort Saint-Julien situé près d'une des bouches du Nil, au village de Rosette. Elle porte une inscription trilingue, qui a donné beaucoup de peine pour sa traduction ; mais sa lecture a jeté une éclatante lumière sur l'Histoire de l'Ancienne Egypte et nous a appris le système religieux, l'Esotérisme de l'ancienne Egypte, ignorés depuis de si longues années, car un grand nombre de savants travaillaient mais en vain, depuis de longs siècles pour interpréter les dessins qui couvraient les anciens monuments, ainsi que les vieux papyrus de l'Egypte.

Or, des problèmes restés insolubles, grâce à la pierre de Rosette ont pu être résolus.

L'inscription était un édit qui remontait à 200 ans avant l'ère chrétienne, édit d'un des Ptolémées, qui se trouvait gravé à la fois en grec, en copte et en caractères hiéroglyphiques. A l'aide de cette clef, notre Champollion put interpréter la langue de l'ancienne Egypte et plus tard le Livre des morts, celui des Respirations, en un mot, tous les monuments littéraires de l'ancien pays des Pharaons.

CONCLUSION

Dans le corps de notre œuvre nous avons suffisamment développé l'Esotérisme chez les Chaldéo-Assyriens, chez les Hébreux, chez les Chrétiens, nous avons aussi parlé assez longuement des Vierges-mères des religions, de la Kabbalah au moyen-âge, du Transformisme, de la Descendance de l'homme et de la Fin de l'humanité.

En ce qui concerne les Continents disparus, il y aurait encore beaucoup à dire, malheureusement, il est extrêmement difficile d'avoir des preuves, nous ne dirons pas certaines, tout au moins convaincantes sur un pareil sujet.

Ici, nous donnerons quelques aperçus neufs et originaux.

Ainsi nous dirons qu'à l'avènement du Cycle de la maison de *Torah* (il y a de cela un laps de temps très considérable) l'Atlantis avait disparu et la situation septentrionale de la terre était, au point de vue ethnographique, ainsi composée : nous l'esquissons à grands traits, bien entendu.

Aux deux extrémités du continent submergé, il y avait à l'Orient : l'Abyssinie, l'Ethiopie et la Haute-Egypte ; à l'Occident : le Pérou, le Yucatan, le Mexique et la Cordillière des Andes. Le grand désert de Sahara (nous l'avons dit déjà) était alors une mer plus élevée de 50 mètres environ que la Méditerranée, qui n'existait pas encore puisqu'elle aurait été formée en partie par les eaux du Sahara.

A cette époque lointaine, les Pays-Bas (pays marécageux, mais non submergés) comprenaient le Pas-de-Calais, une grande partie de la mer du Nord et la Manche.; ce n'est guère qu'avec les dernières eaux qui s'écoulèrent de la mer Saharienne, que les Pays-Bas furent submergés à leur tour. Quant aux hautes terres de l'Irlande, du pays de Galle, de la Cornouaille qui contournaient la grande baie qu'était la Manche à cette époque, tous les pays que nous venons d'énumérer attenaient à l'Armorique (*Pays d'Armor*) à notre Bretagne, à notre Auvergne et probablement à notre Suisse. Ce vaste littoral qu'occupaient, au Nord, l'Ecosse et la Scandinavie, était habité par les Frisons ou hommes libres (*Free Sons*) littéralement Fils de la terre libre (sous-entendu *land*). Ces Frisons étaient de race Samède jaune, la même que les races Chinoise, Mongolienne, Hindoue qui habitaient l'Orient.

A cette époque, la Basse Egypte était encore sous les eaux, car l'Océan Indien et la Méditerranée ne formaient qu'un seul Océan.

L'Afrique centrale et l'Afrique méridionale.

étaient habitées aussi par la même race jaune.

Ajoutons que la race nègre descend comme la race blanche de Ram.

Avant la submersion de l'Atlantis, les Frisons eurent certainement des rapports directs avec leurs ancêtres, les Atlantes, car l'Atlantide n'était primitivement séparée du Continent septentrional, que par un bras de mer dont la *Manche* constitue aujourd'hui la partie Orientale.

Le continent de la Manche fut submergé, lors de la jonction de la mer du Nord, et ce fut cette submersion qui sépara du Continent la Grande Bretagne. On croit que les Atlantes étaient de race noire, mais ils n'étaient pas nègres cependant. Les races Malaise, Polynésienne, proviendraient, dit-on, des Atlantes par croisement, de même que la race rouge cuivre, autrement dit les Aborigènes Américains.

Avant leur submersion, les Atlantes, très avancés dans leur civilisation, répandirent par leurs initiés les éléments Théo-Cosmogoniques de leur savoir parmi les Frisons. Ce fut à l'aide de *Missionnaires* ou *Instructeurs* chargés plus spécialement de l'enseignement ; d'où leur nom de Kalds, Kalads, d'où Scaldes très certainement ou Bardes-Prêtres de la Scandinavie.

La Kaldée était le Collège des Kaldes ou Kaldéens.

C'est de ce même terme Kald, qu'est dérivé le nom de *Kelt*, Celt, Celtide, Celtique.

Ceci démontrerait bien que les Celtes ou Gaulois ne seraient pas de source aryenne, ne seraient pas des Aryas ou Aryens venus de l'Inde, mais que peut-être, comme nous l'avons dit à la fin du dernier chapitre, les Celtes auraient été les ancêtres des Aryens de l'Inde...

De même qu'il nous paraît aussi indubitable que c'est des Atlantides par l'entremise des Keltes que se sont transmis et répandus l'Astrologie, la Kabbalah et l'Esotérisme en général.

Les Keltes transmirent ces traditions aux Hiérophantes des Temples d'Egypte qui, eux-mêmes, les passèrent de loges en loges, des Kaldéens aux Esséniens, aux Gnostiques, aux Kabbalistes, aux Templiers, aux Rose-Croix et c'est ainsi que l'Esotérisme est arrivé jusqu'à nous. Ce mode de transmission explique la forte dose d'Orientalisme qui se trouve dans la Doctrine Esotérique Occidentale.

Un grand nombre d'archéologues modernes et non des moindres, affirme que la tradition Occidentale est de beaucoup plus ancienne que la tradition Orientale, d'environ 3.000 ans, elle daterait du commencement du cycle des Gemini, peut-être même du cycle du Cancer; tandis qu'il est parfaitement reconnu aujourd'hui, que le Brahmanisme antérieur d'un cycle au Buddhisme, ne date que du cycle de Ram, mais il a évidemment des racines dans le cycle de Torah. Ces deux traditions portent du reste des marques certaines de leur origine. Chez les Celtes, jusqu'à l'introduction du Christianisme dans les Gaules, la femme est l'égale de l'homme, dans le conseil de famille, comme à l'autel du Dieu ; du reste, le Gouvernement chez les Celtes était théocratique ; chez les Hindous, au contraire, la femme est l'inférieure de l'homme, la serve, la *chose* de l'homme, ce qui démontre bien ce fait, c'est qu'elle est exclue de la *Trimourti* ou Trinité Divine, et cependant chez les Atlantes, la Trinité comportait une forme féminine, ainsi l'As-atar de l'Astaroh, qui devient plus tard la Roue de l'Iol Druidique, conçoit le Ternaire divin ainsi : *As* le feu ou Dieu le Père ; *At*, l'eau ou la Déesse mère, la Vierge-mère, l'*Alma-mater*, etc., et l'*Ar* l'air, ou Dieu-pneuma, Dieu-Esprit. Nous devons ajouter que l'idéogramme *At*, la Déesse-mère, Atlantide, a été masculinisé en sanskrit, ainsi At-man, Het-man, capitaine Homme-Tête, chef, dont un dérivé Mahatma, grand chef et par suite grande âme de la Théosophie Buddique. Ce terme de Math-Man se retrouve aussi dans la langue celtique où nous avons le Man-Her, le Ménir, l'Homme-Seigneur ou Seigneur-Maître ; le Dol-men, l'Homme-Seigneuresse. Et de même que ce dernier terme Dolleman correspond à la deuxième lame de Tarot, de même le Maan-Her correspond à la première.

Torah ou Rota, signifie, disque, roue, anneau et astarothal est le livre des astralités lunaires ou solaires, qu'on a également dénommé le Livre d'Hermès, le livre de l'Homme-Seigneur, car on peut facilement considérer la finale *mes*, comme une corruption de *mas, man*.

Ajoutons que le terme de *Rota*, roue, est une expression symbolique qui sert à désigner un monde ou Globe.

On nomme *Grande Roue*, la durée entière de notre cycle d'être ou *Mahakalpa*, c'est-à-dire la Révolution entière de notre chaîne spéciale, composée de sept sphères du commencement à la fin.

On nomme *Petites Roues*, les rondes au nombre de sept également.

Ce termes est aussi synonyme de *Manvantara* (1) ou *Manwantara*.

Roṭa signifie également *cercle*, symbole qu'on rencontre dans tous les pays du monde ; c'est pourquoi, on trouve les Cromle'chs ou cercles druidiques, cercles celtiques, en Asie-Mineure, en Perse, dans l'Arabie, en Europe, en Afrique. Le cromle'chs (cercle de pierre) est d'ordre astrologique, kabbalistique ; ce cercle *Krom* ou *Kram* est bien d'ordre kaldéen et, fait digne de remarque, nous avons le kramnak ou karnak (Carnac moderne) aussi bien en Egypte qu'en Bretagne.

L'Evolution humaine actuelle, celle à laquelle nous appartenons, s'effectue sur sept globes successifs, la terre en serait le quatrième suivant les Théosophes.

Quand tous les globes ont reçu la *Vague de vie* du *Logos* chargé de cette chaîne des mondes, on dit qu'une *Ronde* s'est écoulée, est accomplie.

La vie de ces globes dure soit en activité, soit en repos (Obscuration) pendant sept Rondes ; ac-

---

(1) Voyez ce terme dans notre DICTIONNAIRE D'ORIENTALISME ET D'OCCULTISME, voyez aussi KALPA.

tuellement nous sommes dans la quatrième ronde.

Nous terminerons notre conclusion par le résumé suivant, disant que la Doctrine Esotérique enseigne le développement constant, progressif et successif de toute chose, des mondes ou sphères, aussi bien que des atomes ; et, de plus, que ce développement n'a ni commencement, ni fin.

Elle enseigne aussi que notre Univers que nous croyons si considérable n'est rien qu'une *Unité* dans un nombre *infini* d'Univers, tous nés *Fils de la nécessité*, et par conséquent, tous les anneaux de la Grande Chaîne Cosmique des Univers, lesquels sont chacun dans la relation de cause pour celui qui le suit immédiatement, de même qu'il est effet par rapport à celui qui le précède.

L'apparition et la disparition d'un Univers ne sont qu'une expiration et une inspiration du *Grand Souffle* (de l'*Absolu*) qui lui est éternel et qui étant le mouvement est un des trois symboles de l'*Absolu* (Mouvement-Espace-Durée).

Le propre de la Doctrine Esotérique, c'est d'embrasser d'une manière synthétique les sciences, de les résumer, de les condenser en un tout, en un seul bloc et d'établir ainsi un ensemble de lois générales qui constitue une sorte de Philosophie de la Science ; c'est pour cela que la Philosophie Occulte est un des aspects de la *Doctrine Esotérique*, qui a toujours formé la base de toutes les religions qui ont existé sur la terre ou qui existeront dans l'avenir.

Toutes les religions sont obligées de puiser à sa source, tandis qu'elle peut se passer de toutes les Religions. La Religion-Sagesse, la Théosophie est la meilleure des religions, la plus parfaite, parce qu'elle n'utilise dans son enseignement que les préceptes de la *Doctrine Esotérique*, c'est pourquoi la Théosophie est non seulement la Religion de l'avenir, mais la seule qui puisse subsister toujours et d'une manière indestructible, parce qu'elle réunit deux choses qui, jusqu'ici, ont été toujours en contradiction flagrante, en perpétuel conflit :

LA SCIENCE ET LA RELIGION !

Versailles, 15 octobre 1899.

TABLE SOMMAIRE

ET

ANALYTIQUE DES CHAPITRES

DU SECOND VOLUME

CHAPITRE XVI. — L'ÉSOTÉRISME CHEZ LES DIVERS PEUPLES ANCIENS ET MODERNES. 1

Écoles et sociétés Ésotériques, 1. — Les grands et les petits Mystères de la Grèce, 2. — Initiateurs Grecs, 3. — École de Pythagore, École d'Alexandrie, 4. — Platon, Origène, Néoplatonisme, 5. — Alexandrie, sa situation, 7. — Périodes de l'École d'Alexandrie, 8. — Ses philosophes et ses savants, 9. — Bibliothèque Alexandrine, 10. — Antiquités Judaïques, 10. — Le Brukion, 11. — Le Patriarche Théophile, 12. — Nouvelle destruction du Brukion, 13. — Incendies diverses, 15. — École Juive de Philon, 17. — Le Gnosticisme, 18. — Les Fondateurs du Gnosticisme, 20.

CHAPITRE XVII. — L'ÉSOTÉRISME CHRÉTIEN. 22

Sur la Trinité, 23. — Triades, 24. — Ésotéristes et Exotérisme, 25. — La Réincarnation, 26. — Admise par Jésus-Christ, 27. — De la Divinité de l'homme, 28. — Citation de saint Paul, 29. — Adam et Adam Kadmon, 31. — Corps terrestre et corps spirituel, 32. — Déviation du catholicisme, 32. — Le mystère du Christ, 34. — Le Logos, 35. — Christos, 36. — Le mystère de l'Evangile, 37. — Maximes du Christ Esotérique, 39. — Eglise ancienne et Eglise moderne, 41. — Les nouveaux Apôtres de l'Evangile, 43.

Chapitre XVIII. — Les Vierges-Mères des diverses religions. — La Nature primordiale 45

Les Vierges-Mères symbolisent la nature, 46. — Sur la Doctrine Esotérique, 47. — Addha-Nari, la Vierge Hindoue, 48. — Nari, Nara, leur identification, 51. — Prière à cette Déesse, 52. — Symbole de Nari et de Nara, 53. — Les divers noms de Nari, 54. — Isis, la Vierge égyptienne, 54. — Femme et sœur d'Osiris, 55. — Papyrus du Dr Brugsch, 56. — Isis préside à l'inondation, 57. — Astaroth, la Vierge hébraïque, 58. — Eve, 59. — La Reine des cieux, 59, 60. — De quelle source proviennent toutes les Religions, 61. — Astarté ou Haschtoreth, la Vierge-Mère Syrienne, 62. — Aphrodite, La Vénus-Anadyomène, La mère des Grecs, 63. — Vénus Pandemos; la mère de Priape, 63. — Vesta, la Vierge créatrice des Romains, 64. — Les chastes Vestales, 65. — Leur vœu de virginité, 65. — Luonnatar, la Vierge Finnoise, 66. — Le Kalévala, 65. — La légende de Waïnamoïnen, chantée par le Barde, 68. — Herta, la déesse des Germains, 69. — Ina la Vierge océanienne, 70. — Iza, la Vierge Japonaise, 71. — Antique genèse du Japon, 70. — La Doctrine Sinsyou, 73. — Le Nippon, 74. — Ching-Mou, la Sainte-Mère des Chinois, 75. — Son Dogme, 76. — Les Vierges-Mères et les Dynasties chinoises, 78, 79. — Les Hommes nés d'une Vierge, 80. — Naissances dites *Saintes*, 81. — En Chine, en Grèce, 82, 83. — Citation de Leadbeater le Théosophe, 84. — Explication des Vierges-Mères, 85.

Chapitre XIX. — La Kabbalah au Moyen Age . . . 86

Termes kabbalistiques, 87. — Abracadabra, Abraxas et Pierre Mora, 87. — Les intelligences célestes, les Esprits Elémentaires, 89. — Doctrine kabbalistique du Moyen Age, 90. — Elémentals et Elémentins, 91. — Ondines, Ondins, Salamandres, Gnômes, Sylphes et Sylphides, 91. — Traditions Druidiques au sujet des Fées, 92. — Monuments celtiques, 93. — Dames blanches, *ibid*. — Apparitions, 95. — Lavandières, Chanteuses de nuit, 98. — *Duergar*, Garçons de fée, Génies de la montagne, 99. — Génies des mines, Sylvains, Dracks Djins, 100. — Péris et Dives, 101.

Chapitre XX. — La science des nombres. 102

Abraxas, Abracadabra, Agla, Bedouh, carrés magiques. 102. — La science des Nombres, sa propagation, 104. — Planis Campi, 105. — Sur la science des Nombres, 108. — Le Nombre scientifique, 110. — Nombres Harmoniques ; abbé Barthélemy, 111. — Antichtoma ou Terre opposée, 112. — Pythagore et les Nombres, 113. — Guymiot et les Nombres, 114. — Symbolisme du Triangle, 116. — Unité, Dualité, 118.

Chapitre XXI. — Cosmogonie, Paradis terrestre . . 120

Les Etrusques et l'œuf du monde, 121. — Formation du Globe, 122. — Notre Théorie Cosmogonique, 123. — L'Homme primitif, 124. — Les Congressistes catholiques, 125. — L'Aither Primordial, 126. — Le Professeur Tait, 127. — Les Races d'après ce professeur, 128. — L'Héden ou Paradis terrestre, 130. — Auteurs qui s'en sont occupé, 131. — Bulletin de la Société de Géographie, de Paris, 132. — Le secret des Pyramides, 133. — Le lac Triton, 134.

CHAPITRE XXII. — LE TRANSFORMISME. L'HOMME DESCEND-IL DU SINGE ? 135

Le chaînon manquant, 135. — Discours de Hœckel, sur l'Origine de l'homme, 136. — A propos de l'Evolution de l'âme, 137. — Théorie de la sélection, 138. — — Théorie de l'Evolution, 139. — La monade de l'âme humaine, 140. — A propos de l'âme, 141. — Travaux de John Lubbock, 141. — La loi d'Huxeley, 142. — Découvertes à Java d'ossements fossiles, 143. — Sur les singes, 144. — Sur le *Pithecantropus*, 145. — Opinion de MM. Houzé et Manouvrier sur les restes fossiles de Trinil, 146. — Quels sont-ils ? 148. — Ce sont les restes d'un homme très primitif, 149. — MM. de Quatrefages et l'abbé Bourgeois et l'homme Tertiaire, 150. — Crânes de Canstadt, d'Eguisheim, de Clichy, etc., 151. — La mâchoire de la Naulette, 152. — Celle de Moulin — Quignon, 153. — Descendance de l'homme au point de vue psychique, 155. — A quelle époque remonte l'homme primitif, 156. — Citation de M. Bourgès, p. 157. — Décidément le chaînon n'est pas retrouvé, 160. — L'homme ne descend pas du singe, 161.

CHAPITRE XXIII. — LA FIN DE L'HUMANITÉ 162
Une Etude de M. de Nadaillac, 162. — Comment

pourrait s'accomplir la fin du monde, 163. — Opinion de M. Lapparent, 164. — La fin du monde n'est pas si proche que d'aucuns le prétendent, 166. — L'accroissement de la population du globe, 167. — Population de la France à différentes époques, 168. — Les grandes guerres, 169. — Une étude du général Brialmont, 170. — A propos du combustible, 171. — A propos de la houille, 172. — Exploitation des houillières, 173. — Les chutes d'eau, génératrices d'électricité, 174. — Une chimie nouvelle à découvrir, 176. — De la volonté humaine, 177. — A propos du *Livre des Respirations*, 178. — Pratiques yogiques, 178. — Singulier état de catalepsie, 179. — Le *Prânâyâma*, 180. — Pratiques du *Prânâyâma*, 181. — Alimentation du Yogi, *ibid*. — Conclusion de l'étude de M. de Nadaillac, 182. — Nombreuses demandes de M. de Nadaillac, *ibid*. — Ses suppositions, 183. — Paradoxes, note 2, p. 183. — Espérances de M. de Nadaillac, 184. — Résumé de la thèse du général Brialmont, 185. — Thiers et son ouvrage : *de la Propriété*, 186. — Hypothèse et non Axiome, 187. — Ecoles Socialistes, Ecoles Communistes, 189. — A propos de Malthus, 190. — A propos d'Emile Lavelaye, 191. — A propos d'Herbert Spencer, 192. — Stérilité et Civilisation, 193. — Sur la Natalité, 194. — Statistique à ce sujet, 195. — Qu'est-ce que le triomphe de la Civilisation, 196. — Accroissement de la Race humaine, 197. — Réponse à M. le Marquis de Nadaillac, 199. — L'humanité, n'est pas proche de sa fin, *Ibid*. — Les terreurs de l'an 1000, *ibid*. — La durée du monde d'après les Pères de l'Église, 200. —

Faux-Prophètes au sujet de la Fin du monde, 201. — La Population du Globe peut augmenter dans des proportions colossales, sans que l'homme ait rien à redouter pour sa subsistance, 202. — Avec l'aide de la science, il trouvera toujours à vivre, 204. — Ce que nous apprend la mystique religieuse, 205. — La loi de la vie, *ibid*. — Une anecdote du poëte Mistral, 206. — Nous sommes loin de la fin de l'humanité, *ibidem*.

Chapitre XXIV. — Les continents disparus 207

La lémurie, 207. — Le premier rejeton des Lémuriens, 208. — Causes de l'effondrement de la Lémurie, 209. — Qu'est-ce que Madagascar, 210. — Analogie géologique de l'Inde et de l'Australie avec Madagascar, 211. — L'Atlantide, 212. — Sur la civilisation des Atlantes, 213. — Rutas ou Atlantes, 214. — Un passage de Platon sur les Atlantes, 215. — Les Ethiopiens d'après Pline, 215. — Ce qu'il faut croire sur les Atlantes, 216. — L'Atlantide fut un lien entre l'Europe et l'Amérique, la Faune et la Flore le démontrent, 217. — Le Basque serait-il un dialecte Atlante, 218. — Eminence qui existe au milieu de l'Océan Atlantique, 219. Quelques opinions sur l'Atlantide, 220. — Citation du manuscrit de *Tronao*, sur l'Atlantide, 221. — A quelle époque remonte ce manuscrit, 222. — Description du Pic de Ténériffe, *ibid*. — Le *Chabord*, 223. — Hauteur du pic de Teyde ; détails sur ce pic, 224 et 225. — Les Guanches seraient-ils des descendants des Atlantes, 226. — Citations de Jacolliat, 227. — Etymologie du terme *Rutas* d'après cet auteur, 228. — Suite de la citation de Jacolliot, 229 et 230.

CHAPITRE XXV. — LES DÉLUGES 231

Les Rutas, 231. — Origine des Hindous, *ibid.* — Atlantis et Atlantes, 232. — Le *Hari-purana* et les révolutions cosmiques, 233. — Les nombreux déluges, 235. — Déluge de Noé, de Deucalion, d'Ogygès, du roi Annac, etc. 235. — Extrait de Bérose sur le déluge de Noé 236. — Sur Noa, 237. — Sa famille 239. — Les déluges de feu, 241. — Allégorie de Phaéton, 242. — Le Phœnix, 243. — Pierres de témoignage, 243. — Cham, signification de ce nom, 245. — Gomer père des Celtes, sa descendance, 246. — Prométhée ou Japhet conservateur du feu, 247. — Les Cyclopes, 247. — Curètes, Cabires, Pyrrha, 248. — Prométhée créateur de l'homme, *ibid.*

CHAPITRE XXVI. — LES PLANS DE LA NATURE, LES PÉRIODES DU MONDE, LES RONDES, LES PLANS DE CONSCIENCE 249

Noms des plans de la nature, 249. — Sept plans et sept sous-plans, 250. — Le Plan astral, 251. — Vie de l'homme sur le plan astral, *ibid.* — L'homme psychique, le Désincarné, 252. — Les Périodes du monde, 253. — Les phases du Processus, *ibid.* — Mahakalpa et Manvantara, 254. — Division de celui-ci en sept rondes, *ibid.* — Loi cyclique de Périodicité, 255. — Sur la Monade, *ibid.* — Races et Rondes, 256. — Sur la cinquième race, 257. — Sur les Pitris lunaires, *ibid.* — Sur les Pitris solaires, 258. — Plan de conscience de l'homme, *ibidem.*

CHAPITRE XXVII. — LES RACES ET SOUS-RACES 260

Combien de races principales, 260. — La première sous-Race, 261. — La seconde, la troisième et la quatrième Race, 262. — Où a pris naissance le premier rejeton de la quatrième famille, 265. — Le cinquième rejeton, *ibid.* — Le sixième sens, 266. — Plusieurs races ont habité la Terre, 265. — Lémuriens et Atlantes, *ibid.* — Sur la race Européenne, 266. — Race préhistorique, 267. — Le Dr Pascal et ses travaux, *ibid.* — La Vague de vie, note 1, p. 268. — Corps des premières races, 269. — Ils n'avaient pas de sexe, *ibid.* — Période Préadamique, 270. — Troisième race, *ibid.* — Initiés de la quatrième race, 271. — Sur Bramiam, note 2, page 271. — *The history of Atlantis*, note 2, page 272. — Type de la quatrième race, 273. — Les *Tlavatti*, 274. — Troisième sous-Race, 275. — Les Adeptes de la *Bonne Loi*, 276. — A quoi servaient les Pyramides, *ibid.* — Sur les Accadiens, 277. — Races rouges et Races jaunes, 278. — Curieuse découverte de Marshall H. Saville, 279. — Croyance de l'explorateur Leplongeon, 280. — Sémites et Aryens, 281. — — Descendance des Aryas, 282. — Bélisama ou l'Occultisme Celtique dans les Gaules, 283. — Le Sémitisme et l'antisémitisme moderne, 284. — *La Mission des Juifs*, 285. — Thèse de M. Saint-Yves d'Alveydre, 287. — Sa profession de foi, 288. — Pour quel public, il écrit, 290. — Disparate de l'œuvre de M. Saint-Yves, 292. — Il a brûlé par suite d'un grand trouble d'âme, un chapitre sur la vie Esotérique de J.-C., 292. — Critique de H. P. B. de la *Mission des Juifs*, 293. —

Cette critique bien que violente, est très juste, 295. — L'antisémitisme, 296. — Sur la reconstitution du Royaume de Sion, 297. — Inutilité des efforts de l'antisémitisme, 298. — L'Esprit Sémitique, 299. — L'anarchie gouvernementale, 300. — Ce qu'il faut détruire, 301. — Sur le journalisme contemporain, 301. — Sur les Monopoles, 302. — Violente révolution en perspective, 303.

CONCLUSION 304

Le symbole et la langue des mystères, 305. — *La Science-Sagesse-Sacrée*, 306. — Les clefs de la langue des mystères, 307. — Sur les Hébreux et le système hébraïque, 308. — Encore la Langue des Mystères, 309. — Le feu vivant, ses diverses dénominations, 310 et 311. — Sur ŒAHOO, 312. — Haute antiquité de la terre, 313. — De l'homme, *ibidem*. — Calculs de M. de Mortillet, 314, 315. — Evolution humaine, Echelle de Jacob, 316. — Sur la monère d'Ernest Hœckel, 317. — Théorie du professeur allemand, 318. — Cellule et ovule, 319. — Le Dr Pascal et le Transformisme, 320. — Origine de l'Occultisme, 322. — Ce que l'auteur a fait pour l'Occultisme, 323. — Les Hindous et la Magie, 324. — Préservatifs qu'ils utilisent contre les sorts et les sortilèges, 325. — Incubes et Succubes, *ibid*. — Dritchty-Doctcha ou la Jettature Hindoue, 326. — l'Aratty, 327. — Sciences que devaient apprendre les prêtres égyptiens, 328. — Sur les prêtres égyptiens, 329. — Sur la religion juive, 330. — Livres que renfermait la Bibliothèque du temple de Denderah, 331. — La Pierre de Rosette, 332. —

Quelques aperçus sur les continents disparus, 333. — Les Pays-Bas, les Frisons, le Pays d'Armor, 334. — Sur les Atlantes, 335. — Sur les Celtes, 336. — Sur Torah ou Rota, 338, 339. — Sur les sept globes, 339. — Résumé sur la Doctrine Ésotérique, 340.

TABLE SOMMAIRE ET ANALYTIQUE DES CHAPITRES DU SECOND VOLUME. 343

Imp. DESTENAY, Bussière frères. — Saint-Amand (Cher).

www.ingramcontent.com/pod-product-compliance
Lightning Source LLC
Chambersburg PA
CBHW050755170426
43202CB00013B/2440